Am liebsten male ich

Sr. Maria Innocentia Hummel

Am liebsten male ich!

40 biografische Miniaturen
von Hermann Multhaupt

Vivat!

Inhaltsverzeichnis

1. Erste Schritte

Der Himmel war blau, so blau. Weiße Wolken zogen wie Segelschiffe über den Himmel. Wohin sie wohl unterwegs waren? Ob sie wohl auch in fernen Ländern gesehen würden? Und ob dort irgendwo auch ein kleines Mädchen wie hier in Massing im Gras lag und ihnen nachstarrte? Berta träumte. Sie war vier. Sie träumte oft und gern. Vor allem, wenn sie allein war. Die Gräser der Wiese umstanden sie wie eine Schutzburg. Berta kannte die Namen nicht mehr. Aber Mutter Viktoria hatte einmal ein paar Namen der Wildkräuter, Blumen und Pflanzen aufgezählt: die Ackerwitwenblume, der Ehrenpreis, die Distel, der Bärenklau. Wenn sie größer wäre, könnte sie die Namen sicher auseinanderhalten. Wenn sie größer wäre, würde sie sie vielleicht sogar zeichnen. Ja, zeichnen tat Berta für ihr Leben gern. Wenn sie in Vaters Kontor einen Zettel vom Rechnungsblock und einen Bleistift erwischen konnte, versuchte sie, Dinge aufs Papier zu bringen, die ihr einfielen. Nun ja, die Strichmännchen unterschieden sich noch nicht groß voneinander, aber Berta wusste, wen sie darstellten: Zunächst natürlich die Eltern, Adolf, den Vater, und Viktoria, die Mutter. Dann die Geschwister: Katharina – Kathi – und Viktoria – Vicki. Bald, so hatte

ihr die Mutter erklärt, würde sie ein neues Geschwisterchen bekommen. Wenn es wieder ein Mädchen würde, solle es Kreszentia heißen. Wenn es ein Junge würde, dann nach dem Vater, Adolf.

Das Gras um Berta duftete. Wonach roch es? Nach Wärme, ja, nach Hineinkuscheln, nach Rundumzufriedensein. Die ganze Wiese atmete ein und aus wie gesunde, zufriedene Menschen. Ah, da war ja auch ein Marienkäfer, der sich an einem Stängel herabließ! Er krabbelte genau auf Berta zu. Berta streckte die Hand aus. Einen Augenblick zögerte er, dann spürte er wohl, dass von dieser Hand keine Gefahr ausging, und er nahm auf dem Handrücken Platz. Das Mädchen zählte die schwarzen Punkte auf dem halbrund geformten, roten Panzer: Bis acht kam sie, da entfaltete der Marienkäfer seine Flügel – und schwupp, weg war er. Ein leichtes Brummen machte sich bemerkbar, erst leise, dann immer lauter. Ach, das war je eine Hummel, die über Berta hinwegschwebte! Hummel hieß sie doch mit Nachnamen! Berta Hummel.

Horch, rief da nicht jemand? Die Stimme kam ihr vertraut vor. Plötzlich verdunkelte sich der Himmel. Ein Schattenbild stand vor Berta.

„Ach, hier bist du wieder!“, rief Katharina. „Hast du mich nicht rufen gehört? Mama will, dass du zum Essen kommst!“

Nur schwer trennte sich die kleine Träumerin von ihrer geliebten Wiese. Solche Blumen und Kräuter möchte ich malen können, wiederholte Berta leise. Die Schwester achtete nicht darauf. Katharina erfasste kurzerhand Bertas Hand und zog sie mit sich fort ins Haus.

2. Kindheit in Massing

Massing ist ein Marktflecken im Tal der Rott mit etwa 700 Seelen. Als Berta Hummel am 21. Mai 1909 dort geboren wurde, war die Gegend noch weitgehend bäuerlich geprägt. Der Handel blühte. Berta sah ihren Vater oftmals abends noch, wenn die Mutter bereits zu Bett gegangen war, über seinen Büchern sitzen. Er war Kaufmann. Er schrieb und rechnete. Alles musste seine Ordnung haben. Aber darüber hinaus sorgte er als Bürgermeister für das Wohl seiner Gemeinde. Auch die Heimat- und Familienkunde lag ihm am Herzen.

Massing ist ein historischer Ort. Im Salzburger Urkundenbuch von 910 steht, dass zum damaligen Zeitpunkt bereits eine Kirche bestand. 1097 wird erstmals ein Geschlecht der Staudacher erwähnt. 1180 gehörte der Ort dem Grafen von Ortenburg. Nach Besitzwechsel ging der Edelsitz Massing 1307 von der Familie derer von Baumgarten an das Kloster Aldersbach über, eine frühere Zisterzienser-Abtei, deren Kirche Mariä Himmelfahrt von den Brüder Asam ausgestaltet wurde. In der Zeit, in der Berta Hummel lebte, unterhielten die Mallersdorfer Schwestern dort eine „Kinderbewahranstalt“. Zweimal brannte Massing nieder.

Das war im Jahr 1381 und 1648, im letzten Jahr des 30-jährigen Krieges. Die Pest forderte ihre Opfer. Schon 1555 entstand die erste Schule am Markt. Viel später, im Jahre 1788, ließ Dekan Kollmayr aus eigenen Mitteln eine neue Schule bauen und hinterließ der Schul- und Wohltätigkeitsstiftung ein beachtliches Vermögen. Auch Pfarrer Andreas Böck setzte persönliche Geldmittel ein, um 1824 ein zweites Schulgebäude errichten zu lassen. 1839 entstand die Marktkapelle.
Massing mit seiner St.-Stephanus-Kirche aus der Zeit um 1482 war ursprünglich eine Seelsorgeeinheit ohne eigene Vermögensverwaltung. 1855 wurde sie zur selbständigen Pfarrei erhoben. Das Gotteshaus, ein spätgotischer Rohziegelbau, erhielt 1690 eine barocke Ausstattung, die später allerdings wieder entfernt wurde.
Über all diese geschichtlichen Ereignisse in der Heimat setzte der Vater seine Kinder ins Bild. Denn nach Adolf wurden der Familie noch Kreszentia und Franz Wilhelm geschenkt, sodass die Eltern ein richtiges „Hummelnest“, wie Berta später sagte, zu versorgen hatten. Die Mutter, eine geborene Anglsperger, stammte aus einer angesehenen Bäckersfamilie. Jetzt Kauffrau, setzte sie sich neben ihrem Mann unermüdlich für das klassische „Gemischte Warengeschäft“ ein, in dem es noch eine Ladenglocke gab und Zuckertüten, Stoffballen, Zigarrenkisten und Streusandbüchsen in der Auslage. Mutter Viktoria gestand einmal resigniert, dass sie von den Kindern gefürchtet, aber nicht geliebt werde, was sicherlich nicht ganz ernst gemeint war.

Hümmel

3. Talent in der Familie

Der Vater wühlte im Papierkorb. Er suchte eine Rechnung, die er irrtümlich wohl hineingeworfen hatte. Doch er fand sie nicht. An der Wand, unter dem Stehpult, saß Berta. Sie hatte ein Tablett auf den Knien und darauf lag ein Blatt Papier, das von dem Mädchen heftig mit Buntstiften bearbeitet wurde.
„He, Berta, hast du in dem Papierkorb gewühlt?"
Das Mädchen war so in seine Zeichnung vertieft, dass sie die Frage des Vaters überhörte.
„Ob du …"
„Ich habe ein Blatt Papier gesucht. Es war etwas zerknüllt. Ich habe es glatt gemacht und bemalt. Warum? War es nicht recht?"
Es war die Rechnung.
„Nun werde ich sie wohl noch einmal schreiben müssen, da du sie mir ver…"
Verdorben – nein, das konnte und dufte Adolf Hummel nicht sagen. Seine Tochter machte im Zeichnen und Malen große Fortschritte. Die Zeit der Strichmännchen war längst vorbei. Sie beobachtete genau, be-

vor sie etwas zu Papier brachte. Sie muss auf die Kunstschule, dachte Vater Adolf. Sie muss gefördert werden. Er selbst wäre gern Bildhauer oder Holzschnitzer geworden, doch sein Leben war anders verlaufen. Er musste das väterliche Geschäft übernehmen. Diese seine Tochter aber, die sein künstlerisches Talent geerbt hatte, sollte sich so entfalten können, wie es ihm versagt geblieben war.

„Bist du jetzt böse auf mich?“

Berta stand bedröppelt vor dem Vater, der seinen Unmut längst abgelegt hatte.

„Nein, ich bin dir nicht böse. Zudem ist es ja meine Schuld, dass die Rechnung im Papierkorb gelandet ist. Was hast du denn gezeichnet?“

Es war ein kleiner Rosenstock. Noch erkannte man die kindliche Hand, doch es gab Ansätze zu eigener, individueller Gestaltung.

Es war ein herber Schlag für die Familie, als Adolf Hummel an die Front musste. Der Erste Weltkrieg war im Gang; er forderte viele Menschenleben. Der 1. Mai 1915 war auch für Berta eine Zäsur. Sie kam in die Volksschule, die von den Armen Schulschwestern geleitet wurde. Das erste Zeugnis, das sie heimbrachte, lobte Berta als fleißiges, heiteres und mitfühlendes Kind. Viele Mitschülerinnen wollten Zeichnungen von ihr. Blumen, Vögel, Käfer, Pferde – die Liste der Wünsche war ellenlang. Manches Mädchen erbat auch ein Konterfei von sich.

„Hummel-Bertl, zeichne mich!“

Die Briefe, die die Mutter dem Vater schickte, waren gespickt mit Bertas Zeichnungen, die immer mehr ihre eigene Handschrift verrieten.

4. Familienleben

„Das Kind kann ja nicht stillsitzen", stellte Mutter Viktoria etwas unwirsch fest. „Wenn ich abends todmüde aus dem Geschäft komme, hätte ich gern ein wenig Ruhe. Aber Bertl springt, hüpft, geistert vor meinen Augen herum, dass ich kaum abschalten kann."
In den Jahren, in denen der Vater im Krieg war, trug Frau Hummel allein die Bürde des Geschäftes. Kalkulation, Einkauf, Verkauf, Freundlichkeit gegenüber den Kunden, Bereitsein zu einem Gespräch, zuhören, loben, Verständnis zeigen für die Sorgen der Menschen im Laden … Wo blieb da die Zeit für die Kinder?
Kreszentia widersprach der Mutter. „Bertl springt nicht nur. Manchmal kann sie ganz still sitzen oder plötzlich im Spiel innehalten und etwas betrachten. Einen Baum zum Beispiel oder auch nur eine Häuserecke."
„Hm!"
„Ja. Ich glaube, sie denkt sich dann aus, wie sie die Dinge zeichnen sollte. Ob mit Buntstiften oder Malkreide oder schwarzweiß mit Tusche. Oder auch nur mit dem Bleistift."
Warum mir das nicht auffällt, dachte Viktoria. Hab ich denn so wenig Zeit, meine Kinder zu beobachten?

Viktoria, Vicki, stürmte ins Zimmer. „Die Lisi backt heute wieder Zuckerwerk!“, verkündete sie fröhlich und drehte sich im Kreis.
Jetzt bringt mich dieses Kind auch noch auf die Palme, dachte Mutter Viktoria, doch im gleichen Augenblick bat sie Gott um Verzeihung für diesen Gedanken. Sie war eine fromme Frau und gab diese Frömmigkeit an ihre Kinder weiter. Eine Mahlzeit ohne Bitt- und Dankgebet – das ging schon gar nicht. Lisi war die Köchin, und sie tat alles, um die Hummelkinder während des Krieges die allgemeinen Entbehrungen nicht spüren zu lassen.
Im großen Geschäftshaushalt Hummel gab es auch stets eine Kinderfrau. Eine konnte Bertl nicht leiden. Vielleicht war sie ihr zu ungestüm, ein Wildfang eben, der sich austoben musste. Jedenfalls trat sie wiederholt nach dem Mädchen. Manchmal, wenn im Laden gerade Ruhe herrschte, schaute Viktoria Hummel nach ihren Kindern. Da wurde sie Zeuge eines solchen Vorfalls.
„Packen Sie Ihre Sachen. Sie sind entlassen!“, rief die Hausfrau zornig.
Die Hummel-Kinder schliefen jeweils zu zweit in den Zimmern. Berta und die jüngere Centa teilten sich einen Raum. Die Zweisamkeit fügte es, dass die beiden Mädchen Zeit ihres Lebens eine besondere Zuneigung zueinander empfanden. Dagegen war die älteste, die Katharina, Kathi, etwas gefürchtet, denn sie konnte Backpfeifen austeilen. Adolf fragte einmal herausfordernd: „Wann habe ich eigentlich die letzte Watsch’n von dir bekommen?“

5. Internatszeit in Simbach

Die Volksschule beschränkte Bertas Bewegungsdrang. Seit dem 1. Mai 1915 besuchte sie mit anderen Kindern die erste Klasse und konnte nicht stillsitzen. Die Nonnen hatten zunächst auch wenig für ihre Mal- und Zeichenexperimente übrig. Sie setzten andere Prioritäten. Zum Beispiel Schweigeexerzitien. Wie schwer fiel es Berta, den Mund zu halten, nicht mit der Nachbarin ein paar Worte zu wechseln. Manchmal eilte sie schnell zur Schultafel, zeichnete ein paar Porträts ihrer Mitschülerinnen und erntete ein missbilligendes Kopfschütteln der Unterrichtsschwester. Wie froh war Bertl, als sie die Volksschule hinter sich hatte.

Als das Leben daheim nach Rückkehr des Vaters aus dem verlorenen Krieg wieder in geordneten Bahnen verlief, überlegten die Eltern, was mit ihr geschehen solle.

„Bei den Englischen Fräulein wäre sie gut aufgehoben", schlug Vater Hummel vor, denn er wusste, dass dort ein anderer Ton herrschte.

„Du meinst, dass man Bertas Talent dort eher erkennt und fördert?"

„Ja, Viktoria, davon bin ich überzeugt."

Im Mai 1921 siedelte Berta nach Simbach in das Institut Marienhöhe

über. Im dortigen Grenzbahnhof hielt für eine gewisse Zeit sogar der legendäre Orientexpress. Der Pensionspreis für das Mädchenlyzeum und die Unterkunft betrug monatlich 30 Mark. In der Inflationszeit stieg er auf eine Million Mark pro Tag an. Doch der Spuk war 1924 vorbei. Die Schwestern erkannten sofort Bertas Begabung.

„Wir werden dir den Zeichensaal aufsperren, damit du in Ruhe arbeiten kannst", gestatteten sie ihr als einziger Schülerin. Schwerer war es, der Tagesdisziplin zu folgen: sechs Uhr aufstehen, 7.15 Uhr hl. Messe, neunstündiger Unterricht und Studierzeit, unterbrochen nur von den Mahlzeiten. Um 21 Uhr endete der Tag mit Nachtgebet und Nachtruhe. Hier entdeckte Berta Hummel auch ihre Liebe zur Literatur. In jenen Tagen hatte der westfälische Arzt und Dichter Friedrich Wilhelm Weber gerade sein Versepos „Dreizehnlinden" geschrieben, die spannende Geschichte der nicht unproblematischen Missionierung der Sachsen. Hierzu entstand in den Jahren 1925/26 ein sensibler Illustrationszyklus, der großes Einfühlungsvermögen in die Denk- und Schreibweise des Autors verriet.

„Ach, Bertl hat mal wieder eine Bitte", sagte die Mutter seufzend nach Empfang eines Briefes zu ihrem Mann. In exzellenter Schönschrift bat die Tochter demütig: „Ich weiß, liebe Eltern, dass ihr euch so große Opfer für mich auferlegt. So will ich euch, liebe Eltern, meine Wünsche fast nicht vorbringen, denn so gern hätte ich einen Ölfarbenkasten mit Palette."

Hummel
Der Gelehrte!

6. Die Schwestern auf der „Marienhöhe“

Jetzt war Berta Hummel keine Schülerin, jetzt war sie ein „Zögling“. Sie trug eine Schuluniform. Zöglinge durften einmal monatlich Besuch empfangen, und zwar am ersten Monatssonntag. Eltern und nahen Verwandten war es sogar gestattet, dann den Klosterbezirk zu verlassen und spazieren zu gehen. Doch im Winter mussten sie sich bis 5 Uhr nachmittags, im Sommer bis 18 Uhr wieder im Institut einfinden. Die Schwestern duldeten es nicht, dass Esswaren von außen mitgebracht wurden, außer frischem oder eingemachtem Obst und Honig. Pakete zu bekommen, wurde nur in Ausnahmefällen gestattet. Nämlich zu Nikolaus, Weihnachten, Ostern sowie an Geburts- und Namenstagen. Zweimal im Monat durften die Zöglinge Briefe nach Hause schreiben. Bei „besonderen Vorfällen“, etwa wenn ein Mädchen krank wurde, informierten die Englischen Fräulein die Eltern daheim.
Wie froh war Berta, als zwei Jahre nach ihr Kreszentia auf die „Marienhöhe“ kam. Doch die jüngere Schwester litt furchtbar unter Heimweh. Immer, wenn sie zusammentrafen, klagte Centa Bertl ihr Leid.

„Ich halte es hier nicht aus. Ich will heim.“
„Hab doch Geduld, du wirst dich schon eingewöhnen, Centa. Mir ging es doch ebenfalls so, als ich hierher kam. Aber jetzt bin ich gern hier.“
Berta nahm die heimwehkranke Schwester in die Arme und versuchte, sie zu trösten.
Doch auf Dauer war das kein Trost. Die Erstklässler waren im Erdgeschoss untergebracht. Berta gehörte bereits zu den „gehobenen“ Schülerinnen und bewohnte mit ihrer Klasse das Obergeschoss. Die jungen Mitschülerinnen versuchten, Kreszentia zu ermutigen: „Du hast doch eine Schwester hier. Los, geh doch zu ihr hinauf.“
Schlussendlich war das keine Lösung. Berta musste gegen ihren Willen leider zu härteren Mitteln greifen. „Das geht nicht, Centa, dass du dauernd hier erscheinst und mir etwas vorjammerst. Geh wieder hinunter. Du musst dich an deine Klasse und das Haus gewöhnen.“
Berta war gern auf der „Marienhöhe“ im Kreis ihrer Mitschülerinnen und sie konnte nicht begreifen, dass es ihrer Schwester hier nicht gefiel. Wenn sie nach Hause schrieb, von Schulausflügen berichtete oder vom Geburtstag der Mutter Oberin, versah sie ihre Post immer mit kleinen bunten Zeichnungen. Und sie vergaß auch nie, den Eltern für die Möglichkeit der Schulbildung zu danken. Sie schloss ihre Briefe stets mit: „Euer dankbares Kind Berta“. Durch Fleiß, gute Noten und durch ein gesittetes, frommes Leben konnte sie den Eltern etwas von dem zurückgeben, was sie für ihr Kind getan hatten. Im Laufe der Jahre besuchten alle vier Mädchen der Familie Hummel das Internat.

7. Weihnachten

Weihnachten kamen alle Kinder nach Hause. Das ohnehin lebhafte Geschäftshaus füllte sich nun mit den Stimmen der munteren Geschwisterschar. Jeder hatte etwas zu erzählen. Gutes und Enttäuschendes, Hoffnungsfrohes und Bitteres. Doch Weihnachten lag ein Zauber über dem Fest. Die Eltern hatten keine Mühen und Kosten gescheut, die Kinderwünsche zu erfüllen.

In den ersten Jahren erhielten die Mädchen Puppen mit echten Haaren, was eine Besonderheit darstellte, denn sie waren teuer. Jetzt legten sie ihre selbstgenähten Kleider ab und durften schon mal nach den Modekatalogen aussuchen, was ihnen gefiel. Die Jungen trugen Matrosenanzüge, die damals in Mode waren, denn das Militär bestimmte weitgehend das Denken der jungen Männer. Trommel und Holzgewehre, die den Weihnachtstisch ein, zwei Jahre beherrscht hatten, verschwanden nun auf dem Speicher oder erfreuten andere kleine Jungen, die solche Geschenke nicht erhoffen durften.

Jetzt war Zeit für Bücher. Huckleberry Finn zum Beispiel von Mark Twain. Die Abenteuer am Mississippi zogen selbst Mädchen in ihren Bann. Mascha Engel, ein Bürofräulein, das sich jetzt Mascha Kaléko nannte, hatte zu dichten begonnen. Obgleich ihre Arbeiten von manchen Menschen als extrem aufrührerisch und dem wandelnden Zeitgeist entsprechend abgelehnt wurden, gab es doch Verse, die bedenkenswert waren und nachdenklich stimmten:

„Man braucht nur eine Insel
allein im weiten Meer.
Man braucht nur einen Menschen,
den aber braucht man sehr.“

Aufrührerische Texte sollten nicht ins Haus kommen. Man lebte eher konservativ, gab Gott die Ehre, pflegte die von ihm stammende Ordnung der Familie. Die Eltern nahmen sich Zeit. Denn wenn alle Familienmitglieder zusammen waren, herrschte Festtagsstimmung. Mutter Viktoria Hummel musste nicht daran erinnern: „Natürlich gehen wir wieder in die Mitternachtsmette. Das ist Ehrensache.“
Regelmäßige Gottesdienstbesuche gehörten zum Lebensalltag der Familie. Die Hummel-Kinder wurden von früh auf damit vertraut. Es kam auch niemand auf die Idee, diese Gewohnheit infrage zu stellen. Gott zu ehren, die Gottesmutter und die Heiligen anzurufen, war so wichtig wie die tägliche Mahlzeit. Bertl hatte von der Großmutter Kreszentia Anglsperger von der „Mettensau“ gehört: In der Nacht vom 24. auf den 25. Dezember wurde ein Schwein geschlachtet. Würste und sonstige Fleischstücke erhielten auch die Armen. Gänsebraten und Würstel waren ein echtes Festessen zu Weihnachten.

ECCE
ANCILLA DOMINI

8. Der Guckkasten

Vater Adolf hatte einmal mit großem handwerklichen Geschick zu Weihnachten ein großes Kasperletheater gebaut, einschließlich zweigeteiltem Vorhang, Kulissen und Figuren. Nun war es an der Zeit, auch entsprechende Stücke aufzuführen. Auf bekannte Themen wollten die Geschwister nicht zurückgreifen. Dass der Kasperl den Teufel nach vielen Missverständnissen und Fehldeutungen dorthin brachte, wo er hingehörte, in die Hölle nämlich, das war bekannt und langweilig. Auch die Großmutter, die meist immer etwas dappig und dumm daherkam, sollte auf der Bühne nicht länger beleidigt werden. Nein, alle Hummel-Kinder dachten sich eigene Stücke aus.
„Lass uns die heilige Genoveva spielen“, schlug Ady vor.
„Genoveva?“ Die Mädchen lachten. Das ausgerechnet ein Junge eine Jungfrauengeschichte in den Guckkasten bringen wollte, schien ihnen sonderbar. Adolf verteidigte sich, immerhin hätte ein Engel nach der Geburt über Genovevas Wiege gesungen. Kathi habe doch eine engelsgleiche Stimme. Und außerdem kämen in Genovevas Leben auch Drachen vor.
„Wie willst du denn Drachen auf die Bühne bringen?“, fragte Vicki unsicher. „Unsere Figuren können doch kein Feuer speien.“

Nein, das nicht. Aber dass zwei Wanderbischöfe ihr in der heimatlichen Kirche geraten hätten, statt Gold und Perlen ein kupfernes Medaillon mit dem Kreuzzeichen zu tragen, das mache bestimmt Eindruck und gefalle besonders der frommen Mutter.
Die Mädchen sahen sich ratlos an.
Ja, das sei doch ein Gaudi, wenn Genoveva ihre erblindete Mutter mit Wasser heile, fuhr Adolf fort. Und erst, wenn die Angsthasen von Männern beim Überfall der Hunnen auf die Stadt Paris Genoveva steinigen wollten, das gäbe ein lustiges Spektakel.
„Wir müssen uns die Sache in Ruhe überlegen." Gegen Franzls Vorschlag hatte niemand etwas einzuwenden.
Kam Besuch, wurde er genötigt, vor dem Guckkasten Platz zu nehmen und sich eine Vorstellung anzuschauen. Einmal war Onkel Gustav das Opfer. Er war eigentlich gekommen, um mit Vater geschäftliche Dinge zu besprechen. Doch anschließend musste er mit Frau und Kindern einer Theateraufführung im abgedunkelten Raum beiwohnen. Es dauerte lange, und manchmal hörte man Onkel Gustav gähnen. Aber schließlich war die Prozedur überstanden. Als Berta und Kreszentia nach der Vorstellung hinter dem Vorhang hervortraten, in der Hoffnung, den verdienten Applaus entgegenzunehmen – fanden sie einen leeren Zuschauerraum vor. Der Onkel und seine Begleitung hatten die Dunkelheit genutzt, um sich heimlich davonzumachen …

HB

9. Die große Kunst

„Wenn sie zu Hause ist, kann sie stundenlang dasitzen und Berge malen", stellte die Mutter einmal fest. Doch mit den Motiven wechselte allmählich auch der Malstil. Berta schuf Seelandschaften, weite Landstriche, und offenbarte so die Sehnsucht ihrer Seele nach etwas ganz anderem. Die Schwestern des Internats waren sich in ihrem Urteil an die Eltern einig: „Nach dem Schulabschluss sollte Ihre Tochter eine Kunstschule besuchen. Sie hat das nötige Talent."
Vater Adolf war stolz. „Ja, Zeichenlehrerin soll sie werden und an der Kunstgewerbeschule in München studieren."
Ein Mädchen und studieren? Das war nicht alltäglich, dass Frauen überhaupt studierten, und schon gar nicht eine, die vom Land kam. „Puddingabitur", Hauswirtschaftsschule – das musste genügen …
Knapp 18 Jahre war Berta Hummel alt, als sie im Zug nach München saß. Die Aufnahmeprüfung an der „Staatlichen Kunstgewerbeschule" – später „Staatsschule für angewandte Kunst" – bestand sie mit Bravour. Einen Prunkstuhl mit einer darüber drapierten Brokatdecke zu zeichnen, hatte man von ihr verlangt.

Vier Jahre lagen vor der begabten Künstlerin. Doch die ersten Tage in der unbekannten Großstadt hatten ihre Tücken. „Mir gefällt es bis jetzt gar nicht in München, fühle mich furchtbar einsam", schrieb sie nach Hause. War Heimweh im Spiel?
„Ich werde Bertl einen Brief schicken und über alles berichten, was sich in Massing tut", verkündete Kathi, und auch Viktoria, die Vicki, versprach, etwas zum Brief beizusteuern. Doch davon rieten die Eltern ab. „Ihr macht ihr das Heimweh nur noch größer", beschwor Mutter Viktoria ihre Töchter. Halfen Berta das stete Lob ihrer Professoren und die Erfahrung, immer die Erste, die Ausnahmebegabung zu sein, über die schwere Anfangszeit in München hinweg?
„Du solltest mal mit uns ausgehen. Mensch, wir leben in München. In Schwabing treffen sich die Künstler und die, die sich dafür halten. Da gibt's 'ne Mordsgaudi." Gundel stimmte ihre Kommilitonin vergebens auf einen abendlichen Kneipenbesuch und auf Weißwurstessen mit Brezel und süßem Senf ein.
„Lass, gib dir keine Mühe. Ich gehe lieber in Museen – Rubens, Rembrandt, El Greco und Murillo auf die Finger schauen."
„Spaßverderber! Von mir aus kannst du dich hinter Lenbach und Franz von Stuck verkriechen." Gundel zog beleidigt ab. Auch andere Studentinnen bissen bei Berta auf Granit. Schwabinger Boheme kam bei ihr nicht an.

10. In der Großstadt

Dch das änderte sich. Thomas Mann hatte einmal über die bayerische Großstadt gesagt: „München leuchtete“. Politisch war das sicher nicht gemeint, denn Hitlers braune Bewegung erkor München bald zu ihrer Residenz. Aber hier hatten zum Beispiel Alfred Kubin und Giorgio de Chirico gewirkt, Wassily Kandinsky und Paul Klee ihre Spuren hinterlassen, und die Epoche der „Blauen Reiter“ klang in der Kunstwelt noch nach. Auch der ernste Spaßmacher Wilhelm Busch und Lovis Corinth hatten hier studiert und so mancher Kunstapostel des ausgehenden 19. und beginnenden 20. Jahrhunderts. Ausstellungen, Theater, Kino, Konzerte – was bot die Stadt nicht alles für eine junge Kunststudentin! In diesem Milieu fühlte sich Berta Hummel allmählich wohl. Mit Gleichaltrigen zu diskutierten, die Motivation der Künstler für ihre Motivwahl zu erforschen, regten sie an. Die Studienfahrten ins Umland, nach Salzburg, Garmisch oder Lindau, das wechselnde Licht über den Bergen zu studieren und zu malen, all das beflügelte Bertas Fantasie.

Es gab Schriftsteller wie Lion Feuchtwanger, deren Stil und Bücher ihr Herz höher schlagen ließen. Berta verschrieb sich für eine Weile auch den Selbstporträts. Sie zeigen einen echten bayrischen Typus mit kräftigem Kinn, ausgeprägten Wangenknochen, locker zusammengefasster Haarmähne. „Dass du mir ja nicht mit einem Bubikopf daherkommst", lautete die Warnung der Mutter, die diese Modeerscheinung nicht leiden konnte, zumindest nicht an ihrer Tochter. Lebenslustige junge Frauen solle sie lieber meiden, sagte sie, sie seien kein Umgang für eine ernsthafte und begabte Studentin.

Ein Selbstporträt von 1928 zeigt eine ernste, nachdenkliche junge Dame. Die Augen sind starr auf den Betrachter gerichtet, der Mund ist verschlossen. In diesen Jahren erschien auch die „Dame in Rot", ein bemerkenswertes Aquarell, das so gar nicht zu den späteren Werken der jungen Künstlerin zu passen scheint. Der rechte Arm liegt angewinkelt auf der schmalen Taille der jungen Frau, während sich der linke, ebenso ein Rechteck bildend, in die Luft streckt. Die Hand scheint ins Leere zu greifen, oder hält sie sich irgendwo fest? Der Bubikopf ist nachdenklich vom Betrachter abgewandt. Der Blick geht ins Leere. Was geht in der jungen Frau vor? Mit ihrem roten, knielangen Kleid verleiht sie der damaligen Mode Ausdruck. Es ist ein expressionistischer, gelungener Versuch von bester Qualität, der einem Vergleich mit den Werken eines Kandinsky oder der Gabriele Münter standhält.

Die Studien, die entstehen, haben alte und gebrechliche Menschen zum Thema. „Dann mussten wir einen ganz ausgehungerten Mann zeichnen." Der Anblick solcher Elendsgestalten gehörte zum Alltag. Egon Schiele und Käthe Kollwitz hatten Pate gestanden.

11. Mit der Schwester unterwegs

„Hockst eigentlich bald Tag und Nacht in der Akademie? Du gönnst dir nichts, nicht einmal ein neues Kleid. Gehst nicht aus, denkst nur an Farben und Papier. Von Papier kann man nicht leben, Bertl."
Kreszentia stand vor der Schwester, betrachtete sie in der bekleckssten Malerschürze und begann zu lachen.
„Wenn Vater und Mutter dich jetzt sehen könnten, Bertl."
„Tun sie aber nicht. Und Vater könnte mich bestimmt verstehen, weil er weiß, was ich kann."
„Das wissen wir alle, Bertl, Mutter und die Geschwister auch. Und sie lassen dich herzlich nach München grüßen."
Berta Hummel dankte, indem sie die Schwester in den Arm nahm.
„Mach dich nur nicht an mir dreckig, Centa."
„Ich passe schon auf, Bertl. Zudem sind die Farben ja trocken", lachte sie.
„Ich bin ja nur zwei Tage hier", fuhr sie fort. „Aber ich möchte dich gern heute Abend einladen. Ausführen. Wie wär's mit einem Konzert?"
„Konzert?"

Hummel

„Ja. Bist du jemals in einem Konzert gewesen, seit du in München studierst?"
Berta musste, ohne nachzudenken, verneinen.
„Ich fürchte, ich habe nicht die entsprechende Garderobe, Centa. Für Konzerte bin ich nicht ausstaffiert."
„Dann wird es Zeit, dass wir damit anfangen."
Sie mussten die Modehäuser nicht lange durchstöbern. Schon im zweiten Anlauf erwischten die Schwestern ein lustig-geblümtes Sommerkleid, das in den Juli passte und dennoch recht vornehm wirkte.
„He, wohin willst du mich überhaupt ausführen, Centa?"
„In einen Liederabend. Joseph Schmidt singt Schubertweisen."
„Ach, das kleine Mandl?"
„Immerhin ein berühmter Tenor. Seit er nicht mehr im Rundfunk auftreten darf, gibt er viele Konzerte, besonders im Ausland."
„Warum diese Schikane? Nur weil er Jude ist?"
„Nur, Bertl? Das wird zum Schicksal für viele Menschen."
„Auch Jesus war Jude."
„Ja, aber wen kümmert's? Nicht einmal unsere Bischöfe erheben ihre Stimme. – Übrigens, hat sich der Gedanke in dir gefestigt, in ein Kloster einzutreten?"
„Wenn du ihn nicht gleich ausposaunst, liebe Kreszentia, ja. Aber jetzt lass uns gehen, sonst verpassen wir noch das Konzert."
Kreszentia Hummel wurde Lehrerin und starb unverheiratet im Alter von fast 100 Jahren Ende 2011 in Passau.

12. Traum und Wirklichkeit

Chiemsee-Sommer 1930. Alpenvorland. Die angedeuteten Berge, schemenhaft. Ein leichtes Blau, übergehend in Weiß. Zackig die Gipfel. Die See ruhig. Liegt wie ein Spiegel in Gottes schöner Natur. Im Vordergrund ein Schiff. Ein mittlerer Ausflugsdampfer. Nur angedeutet in zeichenhaften Konturen. Der Radkasten ist erkennbar, die Aufbauten, der hohe Schornstein in tiefbrauner Farbe. Eigentlich müsste man das Lachen der Menschen hören, ihre Unterhaltung, die Bordmusik. Denn es ist schöner Tag und er bringt Freude. Bei einer der zahlreichen Malerausflüge ist dieses Bild entstanden. Berta Hummel hat sie geliebt. Wahrgenommen wie einen Traum in impressionistischer Deutung. Erreichen wenige Jahre später die Hiobsbotschaften von torpedierten Schiffen auch die Welt? Was wusste man in Niederbayern davon? Was in Saulgau? Im Rest-Kloster Seifen? Waren sie Gesprächsstoff in der Rekreation? Oder haben der Großdeutsche Rundfunk und die gleichgeschaltete Presse die Katastrophen bagatellisiert, heruntergespielt oder gar verschwiegen?

Die „Wilhelm Gustloff", das Propagandaschiff der Nazis für ihr Unternehmen „Kraft durch Freude", jetzt Truppentransporter, Lazarett- und

Wohnschiff, sank am 30. Januar 1945, von drei sowjetischen Torpedos getroffen, vor der Ostseeküste bei Stolp. Von den etwa 8000 Menschen an Bord konnten nur etwa 1000 gerettet werden. Wie viele andere Schiffe ereilte ein gleiches Schicksal – die „Steuben", die „Goya" die „Memel" und wie sie alle hießen. Viele Tausende Flüchtlinge erlitten den Tod im eisigen Ostseewasser. Zeugen haben später berichtet, welches entsetzliche Leid sich an Bord abspielte beim Kampf um einen Platz im Rettungsboot oder auf einer im Wasser treibenden Schiffsplanke.

Wie friedlich ist dagegen das Bild vom Dampfer auf dem Chiemsee. Eine Augenweide. So könnte die Welt aussehen, wenn sich die Menschen vertrügen und verstünden. Berta Hummel hat diese Welt gesucht. Sie hat sie in der Welt des Klosters gefunden, sicher zum Erstaunen mancher Verwandter und Freunde, aber in der Gewissheit, den richtigen Weg eingeschlagen zu haben. Ihr künstlerisches Werk zeugt von der „Richtigkeit der Welt", wie Werner Bergengruen einst seine „unzeitgemäße Zustimmung" nannte. Selbst ernste Themen haben bei Berta Hummel noch den Anflug von schalkhafter Übereinstimmung mit sich selbst und der Zeit. Sie muss ein in sich ruhender, reifer und von Gott gesegneter Mensch gewesen sein. Eine Frau mit außergewöhnlichen Gaben, die sie hütete wie ein Geschenk, wie ein Vermächtnis mit dem Ziel, andere zu erfreuen und ihnen eine schöne Seite des Lebens zu zeigen.

Das mitten im Krieg. Mitten im Leid, das sie selbst nicht verschonte und das sie annahm, als sei es das Natürlichste von der Welt.

13. Auf dem Weg zum „Hummelbild"

Berta studierte mit großem Fleiß. Professoren und Mitstudenten lobten ihren Studieneifer, der so wenig Zeit für persönliche Unternehmungen ließ. Aquarell- oder Ölmalerei, Textilcollagen, Tierbilder, Landschaften, Stillleben – sie kannte sich in allen Techniken aus. Gern schuf sie Karikaturen. Einmal zeichnete sie heimlich ihren Lehrer Maximilian Dasio. Die Zeichnung kam auf Umwegen in die Hände des Professors. Dasio war davon so angetan, dass er die junge Künstlerin aufforderte, ihn zu malen. „Wann's wieder Lust ham, kommen's nuer wieder, bin allwei do", empfahl er sich. Bei ihm hatte schon Gabriele Münter Kopf- und Aktzeichnen studiert. Klassenlehrer Professor Friedrich Wirnhier hatte Berta Hummel schon nach dem ersten Semester ins Zeugnis geschrieben: „Eine Musterschülerin! Mit malerischer Begabung, sehr eifrig, verlässlich, ist sehr gut vorwärtsgekommen."
Wie stolz war Vater Adolf, wenn Berta in den Ferien nach Hause kam! Er hatte längst einige Personen ausgespäht, deren Konterfei Bertl

Hummel
Der Optimist

zeichnen sollte. Jetzt nahm er sich die Zeit, um mit seiner Tochter über Land zu fahren, um diese Menschen aufzusuchen: Die Maria Graser zum Beispiel, die Berta beim Falten der Wäsche auf den Skizzenblock bannte. Eine Bäuerin ruhte sich, die Hände im Schoß gefaltet, aus. Den Schuster Johann Huber trafen sie beim Besohlen der Schuhe an; es entstand ein detailliertes Aquarell. Auch der Nachtwächter von Massing, Johann Huber, musste dran glauben, als er in seiner altmodischen Tracht, auf dem Kopf einen breitrandigen Hut, einen Speer in der Hand, auf seinem Gang durch den Ort war. So ähnlich sah auch der hl. Jakobus aus, der in manchen Kirchen an das Leben als Pilgerweg erinnerte. Auch Porträts der Eltern vergaß Berta nicht.

Landschaften, Stillleben, Kopfstudien, Porträts, kantige Gesichter oder eine in voller Blüte stehende Bergwiese. Die Maltechniken waren vielfältig. Dazu die unschuldigen Gesichter von Kindern … Das 1931 entstandene Bild „Engel mit Blumen“ trägt schon die ersten Züge der kindlichen „Hummelbilder“, derentwegen Bertl berühmt werden sollte. Doch in ihr steckten noch größere Talente, die sie jedoch später nicht mehr entfalten konnte. Der frühere erfolglose Postkartenmaler Adolf Hitler schickte sich nach 1933 an, zu bestimmen, was Kunst sei. In eben diesem bedeutungsvollen Jahr 1933 schrieb Bertl glücklich nach Hause, was sie für sich beschlossen hatte und als ihr Lebensziel anstrebte: „Und so darf ich euch heute, liebste Eltern, mitteilen, dass ich auch zu den 35 Auserwählten zähle, die am 19. Februar in das Postulat aufgenommen werden und so Gott will im August das hl. Ordenskleid erhalten sollen. So freut euch, liebste Eltern, mit mir über mein Glück; dass es nun wahr werden sollte, was ich ersehnte."

14. Kunst im Dienst Gottes

Welche Wandlung! Was war geschehen? Die Lehramtsprüfung war nach acht Semestern überaus erfolgreich, nämlich mit der Note „sehr gut“, bestanden. Ihre Professoren waren voll des Lobes über Berta Hummel. Die Professorin für Aquarellmalerei, Else Brauneis, war ihr mütterlich zugetan und eine verständnisvolle Begleiterin gewesen. Der Abschluss befähigte die junge Künstlerin, „als Zeichenlehrerin an Volkschulen, Mädchenmittelschulen, höheren Mädchenschulen, Mädchenlyzeen und den neunklassigen höheren Lehranstalten für Mädchen, ferner an Lehrerinnen-Bildungsanstalten, Handarbeitslehrerinnen-Seminaren und Frauenarbeitsschulen“ tätig zu werden. Auch eine Assistententätigkeit bei den sie fördernden Professoren wäre möglich gewesen. Doch jetzt erwog Bertl den Eintritt in einen Orden!

In München traf Berta Hummel auf zwei Franziskanerinnen aus dem Kloster Sießen, einem Ortsteil von Bad Saulgau in Baden-Württemberg: Schwester M. Laura Brugger und Schwester M. Kostka Hartmann. Die beiden wohnten im Maria-Theresien-Heim in der Blumenstraße und waren Bertls Kommilitoninnen an der Akademie für Angewandte Kunst. Die beiden Schwestern waren ihr ein Beweis dafür, dass man im Kloster seine Neigungen und Fähigkeiten nicht aufgeben muss, sondern im Ordensleben auch als Künstlerin tätig sein kann. Hatte nicht auch der hl. Franziskus seinen „Sonnengesang" gedichtet? Berta hätte auch als Designerin im Kunstfachhandel oder freiberuflich in den Kulturstädten Italiens arbeiten können, wo sie ihrem Lieblingsmaler Fra Angelico nähergekommen wäre. Doch der Eintritt in ein Kloster lag näher.

Ein Mitstudent, Otto Hufnagel, hatte sie einmal als „ruhig, sehr hübsch, und meiner Meinung nach etwas verwirrt von dem Gesellschaftsleben, das die Schule so mit sich brachte", beschrieben und angemerkt: „Das mochte zurückzuführen sein auf ihre Herkunft aus einer Kleinstadt und all die Jahre, die sie auf strengen kirchlichen Schulen verbracht hatte. Zugleich war sie klug, besaß einen fantastischen Humor und einen schnellen Witz, der aufblitzte, wenn man es am wenigsten erwartete."

Dass Berta die Kunst in den Dienst Gottes stellen würde, hatte niemand erwartet. Doch die Nähe zum Wallfahrtsort Altötting und die Visionen der stigmatisierten Therese von Konnersreuth mochten mitprägend gewesen sein. Vater und Mutter, denen sie ihre Pläne als Erste offenbarte, signalisierten ihr Einverständnis. Berta wusste, was auf sie zukam, die Aufnahmebedingungen waren deutlich genug: Dass über den Einsatz der einzelnen Kandidatinnen die Vorgesetzten entschieden, „die sich dabei nur von der Rücksicht auf die Bedürfnisse der Kongregation und auf die Anlagen und Fähigkeiten der Kandidatinnen und deren etwaige Vorkenntnisse leiten" ließen.

15. Willst du wirklich Nonne werden?

Fünf Wochen zu Hause. Endlich, nach den belastenden Wochen der Prüfung mit den vielen Stimmen und Geräuschen um sie her, lag das im Vergleich zu München beschauliche Massing wieder vor ihr.
„Und du willst wirklich Nonne werden?“ Franzl konnte es so wenig fassen wie die anderen Geschwister. Jetzt begegneten sie ihrer Schwester plötzlich mit Ehrfurcht, was Bertl überhaupt nicht mochte.
„Ich bin doch nicht anders wer!“, erklärte sie. „Ich gehöre doch zu euch!“
„Nein, du gehörst jetzt Gott!“, beharrte Franzl auf seinem Standpunkt.
„Ihr gehört auch zu Gott. Jeder von uns gehört Gott.“
Doch die Geschwister mochten dieser Feststellung nicht so recht folgen. Auch wenn Berta noch kein Ordenskleid trug und sich dadurch ein Stück entfremdet hätte, blieb eine dünne Distanz.
In diesen Wochen suchte Berta Hummel noch einmal Orte in der Umgebung Massings auf. Ziele, die sie mit den Eltern, vor allem mit Vater, angesteuert hatte. Hier und dort hatte sie gezeichnet, Skizzen ange-

fertigt, die sie daheim ausmalte und denen sie dort endgültige Gestalt gab. Wie zum Beispiel dem kolorierten Bild von Jakob Huber zeitungslesend auf der Bank vor seinem Herrgottswinkel.
Ein Buch weckte ihre Aufmerksamkeit. Der Kapuzinerpater Kassian Karg hatte eine Schrift unter dem Titel „Das kleine Geheimnis – der Schlüssel zur Innerlichkeit" herausgegeben, die unter dem Begriff „Herzensgebet" zu manchen geistigen Übungen herausforderte. Sie wurde zu Bertas Lieblingslektüre. Sie vertiefte sich in die Praxis kontemplativen Lebens und mantrischen Betens. Für die angehende Nonne wurde sie zum Schlüssel für ihren Ordenseintritt.
Erinnerte sich Berta Hummel auch an den 1896 in Massing geborenen Landsmann und Karmeliter Franz Seraph Ehrlich, der zunächst eine Ausbildung als Kunstschreiner erhielt, bevor er als Novize ins Karmeliterkloster Straubing eintrat und den Ordensnamen Alois Rabata annahm? Seit 1902 machte er das zurückerworbene Karmeliterkloster in Bamberg wieder bewohnbar und richtete die Kirche wieder her, die lange Zeit als Lagerraum genutzt worden war. Die Klosterbrüder in Springiersbach, Bad Reichenhall, Wien und Rom schätzten sein kunsthandwerkliches Können und forderten ihn zur Instandsetzung ihrer Gotteshäuser ebenfalls an. Ein inniges Gebetsleben zeichnete Alois aus. Oft sah man ihn tief versunken vor dem Tabernakel kniend beten, was seine Umgebung tief beeindruckte. Dass er 1945 an den Folgen eines Krebsleidens im Ruf der Heiligkeit starb und ein Seligsprechungsprozess eingeleitet wurde, hat Berta Hummel nicht erfahren.

Hummel

16. Fleiß und Armut

Berta war sich darüber klar, dass sie einen gewagten Schritt ging. Was sie vom Klosterleben wusste, bedeutete alles andere als Freiheit.
Armut – nun, das Elternhaus war zwar wohlhabend und hatte ihr manchen Wunsch, den sie während der Studienzeit demütig an Vater und Mutter gerichtet hatte, erfüllt. Doch die nötigen Malutensilien würde man ihr gewiss auch im Kloster gewähren. Und mehr brauchte sie ja nicht.
Keuschheit. Mit der Gründung einer Familie hatte sich Bertl bisher nicht beschäftigt, obgleich sie als junge, hübsche Frau manchen Verehrer hatte. Doch ihr Umgang in München hatte sich eher auf weibliche Personen beschränkt.
Gehorsam war die erste Nonnenpflicht, Gehorsam gegenüber den Anweisungen der Oberin. Aber auch damit würde die Novizin zurechtkommen. Aus der väterlichen und mütterlichen Familie hatten einige Frauen das Ordenskleid gewählt. Und war nicht auch Bertas ganze Schulzeit von Ordensfrauen geprägt gewesen? Sie besaß eine Klostertante, Maria Ludgera, Lehrerin in Kaiserslautern, mit der sie in engem Kontakt stand.
Als Berta Hummel die beiden Sießener Schwestern kennengelernt, sie

auf Wunsch von Professor Dasio unter ihre Fittiche genommen hatte, lag es nahe, mit ihnen im Maria-Theresien-Wohnheim zusammenzuwohnen. Dieses Haus gehörte den Schwestern der Hl. Familie. Bertl war froh, aus ihrer Studentenbude ausziehen zu dürfen, wo ihre Vermieterin mit Argusaugen über sie wachte. In der kleinen, fast schon klösterlichen Gemeinschaft zu dritt fühlte sie sich wohl. Wenn sie sonntags das Hochamt in St. Michael besuchten, hörten sie manchmal die mitreißenden Predigten des bekannten Jesuitenpaters Rupert Mayer. „Der bringt frischen Wind in die Kirche", lautete das Urteil über ihn. Mayer unterstützte die Armen, wo er nur konnte. Aber er sah auch die unheilvolle Zeit des Nationalsozialismus voraus.

Bertas Wunsch, ins Kloster zu gehen, löste an der Kunstschule große Bestürzung aus. Wie konnte eine so talentierte und begabte junge Frau der Welt entsagen und ein Leben hinter Klostermauern anstreben? Vor allem Professor Maximilian Dasio war tief betroffen. Er brach die Verbindung zu seiner Lieblingsschülerin ab. Ihre Mentorin Professor Else Brauneis weinte beim Abschied, bat aber darum, mit ihr in Kontakt zu bleiben. Ihr hatte Berta Hummel die „Dame in Blau" gewidmet.

Die letzten Wochen in München und Massing müssen wohl recht turbulent gewesen sein. Nicht von allen Verwandten konnte sich Berta vor dem Klostereintritt verabschieden. „Sie hat immer alles durchgezogen, von Anfang bis Ende", bescheinigte Centa ihrer Lieblingsschwester.

Mit Neugier und Bangen trat Berta Hummel die Fahrt zum Kloster Sießen an.

17. Kloster Sießen

Der Gedanke, ins Kloster zu gehen, nährte sich auch aus den Erfahrungen ihres bisherigen Lebens: Das fromme Elternhaus war die erste Stütze für ihre Entscheidung. Eine Schwester ihrer Mutter war Nonne und trug den Namen Maria Ludgera Anglsperger. Eine Schwester des Vaters hatte ebenso den Schleier genommen und hieß Maria Possidia Hummel. Beide nahmen später auch an Bertas Professfeier teil. Für „die Welt da draußen", die Künstlerwelt mit ihren Freizügigkeiten, war der Entschluss dieser überaus begabten und preisgekrönten jungen Frau nicht oder doch nur schwer zu begreifen. Die Eltern erfüllte der Entschluss Bertls mit Freude, wenngleich sich auch bei ihnen eine gewisse Trauer einstellte. Ins Kloster zu gehen, war fast gleichdeutend mit Auswandern, in einer neuen Welt sein Auskommen und seine Erfüllung suchen. Die Klostermauern schirmten Postulantinnen, Novizinnen und Nonnen von der alten Welt ab. Sie bedeuteten nicht nur eine symbolische Trennung, sie waren Realität. Man wusste von einem Fall, in dem eine Benediktinerin zur Beerdigung ihres Vaters nicht das Kloster verlassen durfte, um ihm die letzte Ehre zu erweisen. Sie konnte der Beisetzung allein vom Fenster der Abtei aus beiwohnen und das

auch nur, weil der Trauerzug den üblichen Weg verlassen und einen Umweg am Kloster vorbei gemacht hatte. So fern lebte die Klostergemeinschaft räumlich von der öffentlichen Welt.
Um zum Kloster Sießen zu gelangen, musste Berta den Zug bis Saulgau nehmen. „Sulga" sagten die Einheimischen, was gleichbedeutend mit „sumpfiger Stelle, Wasserlache" ist. Es war die Zeit, in der die Heilquellen noch nicht entdeckt waren und sich die Stadt noch nicht „Bad" nennen durfte. Von der Stadt in der oberschwäbischen Hügellandschaft hatte Berta Hummel nur vage Vorstellungen. Sie hatte gelesen, dass Kaiser Friedrich II. dem Ort 1239 Stadt-, und König Rudolf I. ihm 1288 Marktrechte verliehen hatten. Zeitweise hatte Saulgau zum Haus Habsburg und damit zu Vorderösterreich gehört.
Die Stadtkirche St. Johannes Baptist, eine hochgotische Pfeilerbasilika, bestimmte das Stadtbild, zu dem auch viele historische und sehenswerte Gebäude gehörten. Doch Berta zog es zum Kloster. Das bedeutete einen Fußmarsch von etwa vierzig Minuten. Doch wer ein so hehres Ziel vor Augen hat, dem werden die Schritte leicht.
Berta hatte eine Reihe ihrer letzten Entwürfe im Gepäck – Kinderporträts, Landschaftszeichnungen, ein paar bäuerliche Motive, Grabkreuz-Versuche. Auch ein paar Heilige auf Papier, wie den hl. Franziskus oder die Gottesmutter mit Kind, begleiteten sie auf dem Weg in ihre zukünftige Wirkungsstätte. Expressionistische Farbdarstellungen wie „Tiere auf der Weide" oder „Über den Dächern" ließ sie lieber zu Hause, die waren hier nicht gefragt.

Marienhöhe den 10 Juni 1923

Mein lieber Vater!

Da dein Namens-
fest naht, will auch ich nicht ver-
säumen Dir meine herzlichsten Glück-
wünsche zu entbieten. Ich wünsche

18. Ehrfurcht und Demut

Klara, eine der zahlreichen Novizinnen, die schon eine Weile im Kloster lebte, führte Berta herum. Schließlich war es nicht einfach, sich in dem gewaltigen Gebäudekomplex zurechtzufinden. Dass das Heimweh schon in den ersten Tagen nach ihr griff, vertraute sie der Novizin nicht an, wohl aber den Eltern in einem Brief.

„Wo wir jetzt hier leben, hat schon im hohen Mittelalter ein Kloster gestanden“, erklärte Klara. „Im Jahre 1260 ließen sich Dominikanerinnen hier nieder. Es folgten harte Jahre, und manchmal war die Existenz des Klosters bedroht. Denkt nur an die Kriegszeiten, in denen es die Schwestern schwer hatten, überhaupt zu überleben.“

Dennoch hatte es auch gute Zeiten gegeben, denn wie Berta feststellen konnte, war die Klosteranlage immer wieder erweitert worden.

„So, und jetzt kommen wir zum schönsten Gebäude des Klosters.“ Das hätte die Novizin nicht eigens betonen müssen, das sah Berta auf Anhieb. Es war die Kirche, die nah dem Eintritt einen Vorgeschmack himmlischer Schönheit offenbarte. Augenweide, Sinnenfreude – mit welchen Charaktereigenschaften sollte Berta den Anblick des Kircheninnern beschreiben? Hier dominierten die Farben, glänzten die Gewänder der vielen Figuren. Klara ließ Berta Zeit zum Staunen. „Hier kann man sich wohlfühlen“, sagte sie, nachdem sie den Blick hatte schweifen lassen und ihre Augen an den vier großen und den weiteren kleinen Fresken verharrten.

„Die Kirche stammt vom Meister des bayerischen Rokoko Dominikus Zimmermann, der auch die weltberühmte Wieskirche entwarf“, fuhr Klara schließlich fort. „Die vier großen und die anderen kleinen Fresken malte Johann Baptist Zimmermann, ein Bruder des Baumeisters. Sie haben neben der Eucharistie die Rosenkranzverehrung zum Thema und verdeutlichen dies durch Darstellungen aus dem alten und neuen Testament. Das Fresko in der Vierung zeigt den hl. Dominikus in einer allegorischen Darstellung. Neben dem Heiligen steht Europa, die daneben liegende Gestalt zeigt Asien und darüber sind noch Amerika und Afrika zu sehen. Andere Kontinente waren zu der Zeit noch nicht bekannt.“

Berta setzte sich in die letzte Bank, um die Gesamtheit des Kirchenschiffes auf sich wirken zu lassen. Klara nahm abseits Platz und ließ der Kandidatin Zeit. Als sie schließlich zum weiteren Rundgang aufbrachen, fuhr Klara fort: „Durch die Säkularisation wurde das Kloster Anfang des 19. Jahrhunderts enteignet. Die Gebäude standen leer, bis im Jahre 1860 Franziskanerinnen aus Oggelsbeuren auf der Suche nach geeigneten Räumen hier einzogen. Die Schwestern widmeten sich der schulischen und religiösen Erziehung von Mädchen.“

Hummel
„Winterhilfe"

19. Ein neues Leben

An eine disziplinarische Tagesordnung war Berta von der Schulzeit her gewöhnt. Doch jetzt unterlag sie einem strengeren Reglement. Der Wecker schellte um 5 Uhr. Um 5.30 Uhr begaben sich die Kandidatinnen und Novizen zum Morgenlob in die Kapelle. Um 6 Uhr zelebrierte der Priester die hl. Messe. Die klassischen sieben Gebetszeiten, beginnend mit den Laudes und endend mit der Komplet, bestimmten den Gebets- und Arbeitsrhythmus. Um 21 Uhr endete der Tag. Nachtruhe und „Stillschweigen bis nach dem Frühstück" sah die Ordensregel nun vor.
Bertas Freundin Laura schaute ihr manchmal über die Schulter.
„Nun, woran arbeitest du?"
Nun, es war offensichtlich, dass sich der künstlerische Rahmen zunächst auf Paramente begrenzte.
Die Umstellung war nicht einfach und erforderte manches „Öpferle", wie Bertl nach Hause schrieb.
„Ich werde wohl noch eine Weile daran zu knacken haben, Laura, dass ich nicht arbeiten kann, bis die Sache fertig ist, sondern sie zu den Gebets- und Mahlzeiten unterbrechen muss. Da kommt man ja aus dem Konzept."

Das war nicht ihre einzige Sorge. Schon allein der Umgang mit der komplizierten Ordenstracht erforderte Geschick. Der Schleier der Franziskanerinnen bestand aus mehreren Stofflagen. Wie plättete und faltete man sie zusammen? Das weiße Tuch, das das Gesicht umhüllte, musste noch im nassen Zustand mit einer Anzahl dauerhafter Falten versehen werden. Der Dienst in der Waschküche blieb Berta Hummel ebenso wenig erspart wie die anderen üblichen Hausarbeiten: Speisen auf-, Teller abtragen, spülen, abtrocknen, fegen. Die Einzelgängerin musste sich in einer großen Gemeinschaft von Frauen zurechtfinden.
Die zahlreichen Entwürfe für Messgewänder, die dann im Stick- und Nähsaal umgesetzt wurden, trugen Bertas eigenwillige Handschrift. Pelikan, Kelch, Brot – solche Symbole entsprachen zwar den liturgischen Erfordernissen, doch wie sie am Ende zusammenwirkten, war die zum Staunen anregende Interpretation der neuen Klosteranwärterin.
Die Sommerferien nahten. Solange sie noch durch kein Gelübde gebunden war, durfte Berta Hummel das Kloster zum Heimatbesuch verlassen. Noch wollte sie die Reise nicht im Klostergewand antreten. Den blauen plissierten Rock sollte die Mutter ihr schicken. Bertl wusste, dass sie, wenn sie einmal einen Schwesternnamen erhalten hatte, die Freiheit des Reisens nicht mehr genießen würde. Dann nahm der Orden sie total in Besitz, und sie war kein Individuum mehr, sondern Teil einer großen dienenden Gemeinschaft.

20. Erfolge

„Bist du ganz sicher, dass der Schritt, den du gehen willst, der richtige ist?“ Diese Frage kam immer wieder auf. Adolf Hummel wusste um die ungewöhnliche Begabung seiner Tochter. Und er ahnte auch, dass Bertl, wenn sie einmal dem Orden der Franziskanerinnen angehörte, die Freiheit künstlerischer Gestaltungsvielfalt einbüßen würde zugunsten einer festen Richtungsvorgabe. Aktzeichnungen würden ganz sicher nicht mehr geduldet. Und an die Stelle der Porträts und Landschaftsskizzen würden Entwürfe für Fahnen und Messgewänder treten, für Weihnachtsszenen, Geschenkkarten und Motive der sakralen Kunst.

Der Vater war in der Lage, auf Grund seiner vielseitigen Beziehungen Berta etliche Aufträge zu verschaffen, von denen natürlich in erster Linie das Kloster profitierte. Mit Adolf Hummel entstand ein fachlicher Austausch.

Berta betonte in ihren Briefen an die Eltern, glücklich zu sein und endgültig den Schleier nehmen zu wollen. Als sie eine Einkleidung und Profess miterleben durfte, schrieb sie begeistert nach Hause: „Freut euch mit mir. Ich danke jeden Tag, dass ich mich darauf vorbereiten darf …“

An einer großen Künstlertagung in der Benediktinerabtei Beuron durfte sie teilnehmen. Aber noch schrieb sie nicht wie zwei ihrer Kolleginnen „Kloster Sießen“ in die Anmeldeliste, sondern „Kunstgewerblerin“. Die von ihr ausgestellten Arbeiten fanden höchstes Lob in der Presse. „Was tun Sie? Sind Sie befriedigt von Ihrer Arbeit, und arbeiten Sie manchmal freikünstlerisch?“, erkundigte sich ihre Professorin Else Brauneis und bat: „Nicht liegen lassen, Bertl, bitte.“ Die Atmosphäre in der Hochschule hatte sich gewandelt. Professor Dasio war in den Ruhestand versetzt worden. An seine Stelle war ein überzeugter Nationalsozialist mit revolutionären Ansichten von NS-Kunst getreten … Einmal pro Woche durfte Berta Hummel in der Mädchenschule St. Anna in Saulgau Zeichenunterricht erteilen. Mit einer Schwester machte sie sich auf den Weg durch die gewundene Birkenallee in die Stadt. Obgleich sie wegen ihrer bestätigten Qualifikation eigentlich die höheren Klassen hätte unterrichten sollen, begnügte sie sich mit Rücksicht auf die ältere Schwester mit den Erstklässlern. Sie gewann die Kinder lieb. Aber die Ordensvorschrift verbot es ihr, ihnen zu nahe zu kommen, sie etwa auf den Arm zu nehmen und ihnen ihre Liebe zu zeigen. Berta schenkte selbstentworfene Fleißkärtchen und schrieb manchmal auch einen Vers dazu. Die Zeichnungen waren der Beginn ihrer großartigen Karriere mit den Hummel-Bildern, die sie berühmt machten und dem Kloster zu außerordentlichem Reichtum verhalfen. Bei einer Professfeier in Sießen wurden alle ihre Kinderzeichnungen verkauft.

Hummel

21. Es wird ernst

Ausnahmsweise kam Bertl in den Sommerferien nach Haus. Grund war die Heirat ihrer Schwester Kathi – Katharina. Ob sie wohl Brautjungfer bei der Schwester sein durfte?
„Im hellen Kreis, Berta? Das finde ich unpassend", belehrte die Mutter Oberin die zukünftige Ordensschwester. Die Kandidatin trug also das vorgeschriebene Schwarz. Der Verlag Ver Sacrum in Rottenburg interessierte sich für Bertas Bilder und bereitete zwölf Kindermotive zur Veröffentlichung vor. Aber sie brauchte weitere Hilfsmittel für ihre Arbeit, die das Kloster nicht besaß. Was lag näher, als an die treuen Eltern zu schreiben? Einen Wechselrahmen, Klebeband, ein Fotoalbum. Aber auch ein Paar schwarze Strümpfe. „… das sind meine Wünsche, liebste Eltern, und ich hoffe, dass sie euch keine zu großen Auslagen sind."
Der Vater besorgte alles. Doch Weihnachten abermals heim? – Nein. Jetzt nicht mehr. Jetzt gehörte sie mehr dem Kloster als den Eltern und Geschwistern. Am 19. Februar 1933 wurde Berta mit zahlreichen „Auserwählten" in das Postulat aufgenommen, im August würde sie das Ordenskleid empfangen.
Von dem, was sich außerhalb der Klostermauern politisch ereignete,

erfuhren die Nonnen wenig. Nur einige „Stichproben", wie Berta an die Eltern schrieb, waren ihnen im abgeschotteten Klosterbezirk zugänglich. Aber da gab es ja doch noch einen Lichtblick: Die Postulantinnen durften am 30. Mai zum letzten Ferienbesuch nach Hause!

Adolf Hummel spürte, dass seine Frau immer wortkarger wurde. Er ahnte auch, weshalb. „Wir werden sie nun bald ganz hergeben müssen", sagte er. „Dann ist sie nicht mehr das Massinger Mädel, sondern ein Klosterkind."

Berta konnte diese Sorgen nicht zerstreuen, so sehr sie sich auch bemühte. In ihrem Glück dachte sie wohl anders als die traurigen Eltern.

Am 21. August 1933 reiste die Familie nach Sießen. Am nächsten Tag sollte Berta das Ordenskleid erhalten. 410 Kilometer legten die Eltern, Centa, Ady und Franzl im Auto bei Regen zum Kloster zurück.

„Warum werden wir von einer fremden Schwester und nicht von Bertl empfangen?"

„Nein, Ady, heute dürfen wir unser Bertl nicht sehen. Es muss sich ganz auf den morgigen Tag vorbereiten."

Komische Sitten! Stattdessen wurde die Familie durch das Kloster und durch die Ausstellungssäle geführt: Saal 1: Bilder von Berta. Saal 2: Paramenten-Entwürfe von Berta. Saal 3: Schülerarbeiten. Man bewirtete sie königlich, ließ sie alle Privilegien genießen. „Nun, die wissen, was für eine tolle Frau ihnen in die Falle gegangen ist", knurrte Franzl.

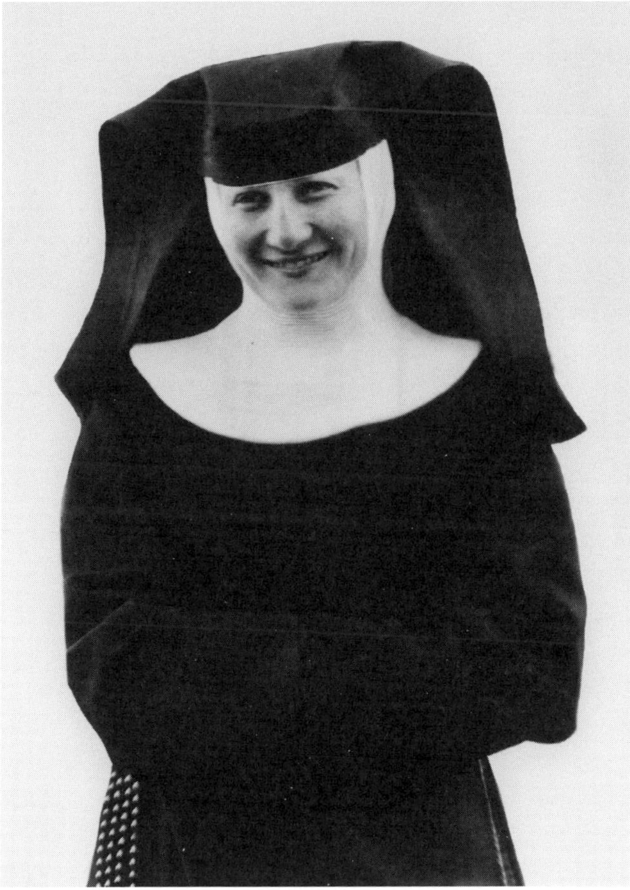

22. Maria Innocentia

Nun hieß sie Schwester M. Innocentia – die Unschuldige, aber auch die Harmlose. Unschuldige Kinderbilder waren ihre Stärke, jedoch harmlos war die Kunst, die Bertl vertrat, gewiss nicht.
Die Zeremonien in der vollen St. Markuskirche waren von erhabener Feierlichkeit, die sich auf die Gäste übertrug. Nun trug Berta das Habit des hl. Franziskus.
„Jetzt schneidet man ihr auch noch zwei Haarlocken ab!"
„Ja, Centa, das bedeutet Entsagung der alten Welt und Eintritt in ein neues Leben."
Vater Adolf, dem Berta besonders ans Herz gewachsen war, kannte sich mit den Einkleidungsbräuchen aus. „Der Herr bekleide dich mit dem neuen Menschen …"
Wie viele Hummel-Bilder entstanden jetzt unter ihren Händen? Schwester M. Innocentia schuf manche nach lebenden Vorlagen. Wie gern hätte sie eines dieser Kinder auf den Arm genommen, über ihren Lockenkopf gestreichelt. Doch das war nicht statthaft. Wie leicht könnten mütterliche Gefühle geweckt werden.
Die Klosterleitung war am Vertrieb der kleinen Hummel-Kunstwer-

ke interessiert. Der katholische Verlag Ars Sacra trat auf den Plan. Im Land herrschte die Weltwirtschaftskrise. Mancher Betrieb musste schließen. Doch dank Schwester M. Innocentia und ihrer unermüdlichen Schaffenskraft konnten die „Graphischen Kunstwerkstätten" überleben.
Kinderbilder entstanden unter den Händen vieler begabter Künstler. Man kannte die Werke von Philipp Otto Runge, von Hans Thoma, Wilhelm Busch, Ludwig Richter und Wilhelm Kaulbach. Doch was war das Besondere an den Hummel-Bildern? Wenn Mutter Viktoria Hummel ein Foto davon in der heimischen Tageszeitung entdeckte, füllten sich ihre Augen mit Tränen. Zugleich aber war sie auch stolz! Es war ihre Tochter, deren Kunstwerke überall Gesprächsstoff boten.
„Sie hat einen Stil entwickelt, den macht ihr so schnell niemand nach", lautete das Urteil des Vaters. „Gerade in dieser politisch unruhigen Zeit sehnen sich die Menschen nach der Innigkeit, nach der Harmonie, die diese Bilder ausstrahlen. Ich hoffe nur, dass die Schwestern unser Bertl nicht auf diesen Stil festlegen, sondern ihr auch Möglichkeiten zu neuen Experimenten geben."
Die kleine, heile Welt, die pausbäckige Beharrlichkeit, die kindliche Unschuld der Hummel-Bilder fanden bei Käufern immer mehr Anklang, riefen aber auch das Interesse verschiedener Verlage auf den Plan, die sich in ihren Vorschlägen überboten und den Schwestern lukrative Angebote unterbreiteten.

23. Mehr als Kinderbilder

Schwester Kostka kam manchmal im Atelier vorbei. Mit Schwester Laura hatte sie ja in München ebenfalls eine gediegene künstlerische Ausbildung bekommen, und wenn sie ihre Talente jetzt nicht mehr im gewünschten Maß entfalten konnten, blieben sie mit Schwester M. Innocentia doch in ständigem Austausch.
„Ah, lass sehen! Ausnahmsweise mal kein Kindergesicht, sondern ein Altargemälde. Schön, dass du dich nicht festlegen musst."
„Gott sei Dank gibt es Aufträge für Fahnen, für Muttergottesbilder und andere Themen. Aber die Oberin möchte am liebsten natürlich Kinderbilder, die ließen sich blendend verkaufen. Jetzt soll sogar ein ‚Hummel-Buch' erscheinen."
Von den Querelen und Auseinandersetzungen zwischen den Verlagen und dem Orden ahnte Schwester M. Innocentia nichts oder verdrängte sie. Jede Seite wünschte mehr Mitsprache, Ars Sacra und der Fink Verlag wollten sich je mehr Rechte an den Bildern sichern. Hummel-Postkarten machten zu Zigtausenden die Runde. Das „Hummel-Buch" im Fink Verlag wurde für das Weihnachtsgeschäft 1934 ein gewaltiger Erfolg. Es enthielt eine Mischung aus Kinderbildern und religiösen Mo-

tiven. Dazu lieferte die Wiener Volksschriftstellerin Margarete Seemann Dialekt-Gedichte. Die 20 000er Auflage war bald erreicht.
„Leider werde ich die Margarete Seemann hier wohl nie begrüßen können“, bedauerte Schwester M. Innocentia, nachdem ihr Buch ein so gewaltiger Erfolg geworden war. „Man spürt, wie tief sie im katholischen Glauben vertieft ist. Sie wäre mir eine gute Gesprächspartnerin gewesen.“
In der Tat, die Tochter eines Dekorationsmalers aus Südmähren und einer Wienerin war bei den Ursulinen zur Schule gegangen und Volksschullehrerin geworden. Zahlreiche Bücher waren in katholischen Verlagen erschienen und in sieben Sprachen übersetzt worden. Sechzig ihrer Gedichte wurden vertont. Man nannte sie „Dichterin der Mütter“ und „österreichische Selma Lagerlöf“. Wenige Jahre später ging das Gerücht, Margarete sei an Knochenkrebs erkrankt. Das machte eine Zusammenkunft erst recht unmöglich.
Ein „Hummel-Buch“ war in die Hände eines Vertreters einer fränkischen Porzellanmanufaktur gelangt. Kurz, die Firma aus Oeslau bei Coburg witterte ein sicheres Zukunftsgeschäft, und Inhaber Franz Goebel machte sich sogleich auf den Weg nach Sießen, um die Produktionserlaubnis für Hummelfiguren von den Schwestern zu erhalten. Schwester M. Innocentia lehnte zunächst ab, doch sagte dann zögernd zu, nachdem sie erfahren hatte, dass der Betrieb ohne diesen vielversprechenden Auftrag wohl Konkurs anmelden und die Mitarbeiter entlassen müsse.

B. Hummel 3

24. Kunst im Kloster

1932, vor Beginn jener unseligen Zeitepoche, die zum Untergang Deutschlands führen sollte, erteilte der Kötzinger Pfarrer Georg Rosenheimer dem Kloster Sießen den Auftrag, ein Gemälde Bruder Konrad von Parzhams zu schaffen. Zwei Jahre zuvor war der fromme Klosterbruder von Altötting von Papst Pius XI. selig gesprochen worden. Das Lebensbeispiel dieses Mannes, der aufopferungsvoll sein ganzes Leben im Dienst an der Klosterpforte verbracht, unzähligen Menschen durch Brot und Trost geholfen hatte, sollte in einem Altarbild gewürdigt werden. Pfarrer Rosenheimer, wie Berta Hummel aus Massing gebürtig, wollte eine Nische in der Pfarrkirche zur Bruder-Konrad-Kapelle umgestalten.
Ein Jahr zuvor war Berta, 21 Jahre alt, ins Franziskanerinnenkloster zu Sießen eingetreten. Ein gewaltiger Auftrag für eine junge angehende Schwester! Denn zunächst arbeitete sie in der Paramenten-Werkstatt, schuf Motive für Mess- und andere liturgische Gewänder. Allerdings hatte sie für Kötzing schon ein Pluviale, also einen Chor- oder Vespermantel, und einen Altarteppich entworfen.
„Ich weiß nicht, ob ich das kann“, wandte sich Berta Hummel an die

Oberin, die den Auftrag entgegengenommen hatte. „Heiligenbildchen ja, aber gleich ein großes Gemälde? Wahrscheinlich wird es nicht so fromm ausfallen, wie es der Auftraggeber wünscht."
„Warum zweifeln Sie?", fragte die Oberin.
„Diesen verzückten Gesichtsausdruck, wie ihn die Heiligenstatuen in den Kirchen haben, den mag ich nicht. Als ob sie geradewegs in den Himmel schauen und sehen könnten, was dort vor sich geht. Nein, Heilige sehen anders aus. Schließlich sind sie ja Menschen dieser Erde gewesen."
Die Oberin wusste nicht viel zu erwidern. Sie sprach nur von Mut, alles Weitere werde sich finden.
Berta Hummel wählte eine Leinwand von 1,58 mal 1,04 Meter und als Farbgrund Öl. Zunächst vertiefte sie sich in die Lebensbeschreibung des seligen Klosterbruders, der wie sie aus der niederbayrischen Heimat stammte. Sie malte Bruder Konrad in Braun als überragende, schlanke Gestalt, die mit gesammeltem Gesichtsausdruck zwei Kinder in blauer Kleidung zu seinen Füßen anleitet, das empfangene Stück Brot mit einem gehbehinderten vor ihnen knienden Bettler zu teilen. Das ausgezehrte Antlitz des Mannes blickt voller Erwartung zu Konrad auf. Der aber verweist die Kinder auf den gekreuzigten Christus, so als ob er sagen wolle: Er hat uns gelehrt, uns derer anzunehmen, die in Not sind. Folgen wir seinem Beispiel.
Zwei Jahre später, 1934, wurde Bruder Konrad von Parzham heiliggesprochen.

25. Kleine Antihelden

Helden liebte die junge Schwester nicht. Davon war in den öffentlichen Medien stets die Rede. Adolf Hitler selbst hatte verkündet, wie er sich die deutsche Jugend vorstellte. „Flink wie Windhunde, zäh wie Leder, hart wie Kruppstahl.“ Die Jugend sei in der Weimarer Republik verweichlicht worden. Dem wollte er abhelfen, indem er Organisationen schuf, in denen sein Idealbild gepflegt wurde.
Berta Hummel hatte oft genug ein anderes Menschenbild vor Augen gehabt: Kinder, die bereits schwer krank, Jugendliche, die körperlich und geistig behindert waren. Alte Menschen, die nach einem langen Arbeitsleben gichtige Hände hatten und an Krücken gingen. Viele besaßen nicht einmal das nötigste Auskommen. Wer zeichnet, muss auf Einzelheiten achten, auf das kleinste Detail. Und so war der begabten Künstlerin das Leid der Menschheit nicht entgangen.
Nein, Bertl wollte auch das Gegenteil der gepriesenen Heldenvorstellung schaffen. Da sie schon viele Kinder in den verschiedensten Situationen gezeichnet und ihnen einen spitzbübischen, nachdenklichen, heiteren, überraschten und liebenswerten Blick gegeben hatte, schuf

sie einen kleinen Jungen, der Angst vor einem Frosch hatte und auf einen Zaun kletterte. „Der Held“ hieß dieses 1934 geschaffene Bild. Die Furcht ist dem Kleinen sprichwörtlich ins Gesicht geschrieben, aber der Gesamtanblick suggeriert auch gleich: Vor einem Frosch musst du keine Angst haben. Da Frösche aus dem Stand gut springen können, würde der hier abgebildete es mit einem Satz auf die untere Latte des Zaunes und damit bis an die Füße des Jungen schaffen. Aber was sollte er da? Schuhe sind keine Mücken, nach denen er haschen könnte. Auch keine Fliegen. Also blickt der Frosch eher neugierig zu dem kleinen Jungen auf, der sich krampfhaft an der oberen Latte des Zaunes festhält und auf das nach Luft pumpende Wesen zu seinen Füßen starrt.

Der Kleine trägt die Mode, die Schwester M. Innocentia bei kleinen Kindern so liebt. Braune Hose, darüber ein Trachtenjäckchen, um den Hals ein buntes Tuch. Auf dem Kopf eine Art Jägerhütchen mit Feder. Darunter schaut der Haarschopf hervor. Die Umgebung ist ländlich. Gräser wachsen am Zaun, auch ein paar Ähren reichen bis Kopfhöhe des kleinen Mannes. „Wie Musik und Licht ist alles, was sie schafft. Es ist kein Zug in ihren Bildern, der irgendwie wehtun könnte“, hat die Dichterin Margarete Seemann geschrieben, als der Fink Verlag mit dem „Hummel-Buch“ Weihnachten 1934 an die Öffentlichkeit trat.

Der Ars Sacra Verlag bekam unter den Nationalsozialisten immer mehr Schwierigkeiten. Firmengründer Josef Müller war indessen schwer erkrankt und starb am 30. Januar 1935 – erst 63 Jahre alt.

26. Unerwünschte Kunst?

Der Begriff „entartete Kunst“ geisterte durch das Vokabular der Nazis. Da machte sich eine Handvoll Menschen daran, zu bestimmen, was gut und förderungswürdig sei und was man aus den Museen und Musentempeln entfernen müsse. Adolf Hitler, der gern Kunst studiert hätte, aber von der Hochschule abgelehnt worden war, machte sich nun zum Gutachter und Schiedsrichter. Große, kraftprotzende, gesunde Gestalten wurden zum Maßstab. Leid dagegen, Kranke, Behinderte, vom Leben Benachteiligte gehörten nicht ins Bild, die musste man aus der Öffentlichkeit verbannen. Und was sollte man mit den puppenartigen, kleinen, kolorierten, dunkeltönigen Kohlezeichnungen der Hummel? Und mit ihren Nippes-Figuren? Das waren keine Darstellungen der Herrenrasse, sondern „wasserköpfige und klumpfüßige Wesen“, wie eine SA-Zeitschrift feststellte. „Das Kampfblatt der Obersten SA-Führung der NSDAP“ hatte Schwester M. Innocentia am 20. März 1937 ziemlich heruntergeputzt: „Nein, das ‚lieb‘ Vaterland mag nicht ruhig sein, wenn man Dreckspatzen als Staatsjugend darstellt und an Dinge rührt, die ihm heilig sind … In den Reihen deutscher Künstler ist für solche kein Platz, die zur Ausübung ihrer verantwortungsvollen Tätigkeit die erforderliche Zuverlässigkeit und Eignung nicht besitzen.“

Die Geschäfte mit den Hummel-Erzeugnissen liefen trotz dieses Gegenwindes gut. Außerdem entdeckte Amerika das vielseitige Spektrum der Ordensfrau. Und gegen Devisen hatten die Nationalsozialisten nichts einzuwenden. Mit Geld wollte Schwester M. Innocentia nichts zu tun haben. „Ich bin eine arme Franziskanerin und habe das Armutsgelübde abgelegt. Ich male. Alles andere geht die Vorgesetzten an.“

Schwester Laura hatte einen wachen Blick für ihre Mitschwester. Schon seit Tagen beobachtete sie, wie Bertl immer blasser wurde. Sie machte einen müden Eindruck.

„Du arbeitest zu viel. Du kannst das Pensum, das man dir auferlegt hat, unmöglich durchhalten.“

„Lass nur. Wenn ich arbeiten kann, bin ich in meinem Element, das weißt du.“

Auf dem Tisch lag ein angefangener Brief an ihre Eltern. Darin stand, wie viel Freude sie den Menschen bisher durch ihre Kunst vermitteln konnte und wie dankbar sie sei, dass die Eltern ihr diesen Schritt nach Sießen ermöglicht hätten. Und da das Christfest vor der Tür stand, vergaß sie auch nicht zu erwähnen, wie schön es doch jedes Mal an Weihnachten im Elternhaus war.

Am 30. August 1937 band sich Schwester M. Innocentia durch die Ewige Profess endgültig an den Orden. Es war das Jahr, in dem die Aufsehen erregende Enzyklika „Mit brennender Sorge“ Pius’ XI. erschien.

Hummel
Gebrannte
Gebrannte

27. Vor die Tür gesetzt

Die NS-Regierung antwortete mit strengen Maßnahmen.
Eines Tages flatterte ein amtliches Schreiben auf den Tisch der Oberin. Als sie es gelesen hatte, erbleichte sie. „Wir müssen unsere Schulen schließen!“
Ein Aufschrei.
„Und nicht nur das: Alle unsere Schwestern werden aus dem staatlichen Schuldienst entlassen.“
„Das darf doch nicht sein! Wer soll die Kinder denn unterrichten, wenn man uns abzieht?“ Die Ratsschwestern waren wie die Mutter Oberin ratlos.
„Wir werden die Nachricht noch ein, zwei Tage geheim halten, bis wir wissen, welche Schritte wir unternehmen müssen.“
„Durch das Unterrichtsverbot entzieht man uns unsere Existenzgrundlage“, jammerten die Schwestern.
„Jetzt steht der Orden nur noch auf einem Bein. Hoffentlich hält unsere M. Innocentia durch.“
Zwei Parteibonzen meldeten sich an der Pforte und forderten ein dringendes Gespräch mit der Ordensleitung. Generaloberin M. Augustina

Steinhauser empfing sie mit großem Unbehagen. Die ungebetenen Gäste ließen sich die offiziellen Räumlichkeiten zeigen und standen schließlich in der Hauskapelle.
„Das alles muss hier raus“, forderte der Kreisleiter und klopfte auf die Kirchenbänke.
„Raus? Warum denn das?“
„Bis zum Dezember 1940 sollen 1300 Auslandsdeutsche aus der Südbukowina im Kloster einquartiert werden.“
„Das heißt, Sie beschlagnahmen unser Kloster?“ Der Entsetzenschrei der Generaloberin ließ die Männer kalt.
„Wir geben Ihnen acht Tage für die Räumung. Hier in der Kapelle könnte ein Kino eingerichtet werden. Doch bis dahin werden wir mit Holzwolle gestopfte Säcke für die Feldbetten hier lagern.“
Acht Tage blieben den Schwestern für die Räumung. Im Südflügel blieb ihnen ein durch eine Bretterwand abgetrennter Teil.
Zunächst erhoben die Ordensleute Beschwerde in Berlin. Wo sollten 280 Franziskanerinnen und Kandidatinnen untergebracht werden? Es gab zahlreiche alte und kranke Schwestern. Wohin mit ihnen? Die Gauleitung zeigte sich unbeeindruckt. Im Gegenteil: Sie strebte die Auflösung der Landwirtschaft an, die für das Kloster eine wichtige Existenzgrundlage war.
„Schicken Sie die Schwestern nach Hause!“, lautete die dringende Empfehlung der Gauleitung. 50 Franziskanerinnen durften am Ende für den Dienst in der Wäscherei und in der Lagerküche bleiben.

28. Trost und Hoffnung

„Kann ich heute Nacht Radio hören?" Die Bitte Berta Hummels traf den Vater nicht unvorbereitet.
„Du meinst den Feindsender? Kind, du weißt, welche Strafe auf Schwarzhören steht!"
„Das weiß ich. Aber ich habe gehört, der Papst weiht heute, am 31. Oktober 1942, Russland und die Welt dem Unbefleckten Herzen Mariens. So hat es die Gottesmutter in der Botschaft von Fatima gewünscht. Da unsere Rundfunkanstalten darüber nicht oder kaum etwas berichten werden, möchte ich einen ausländischen Sender hören, vielleicht Beromünster."
Vater Adolf überlegte nicht lange.
„Gut, Bertl. Aber ich werde ums Haus gehen und die Straße beobachten, um sicher zu sein, dass niemand in der Nähe ist und lauscht."
„Ach, Vater, in Massing haben wir doch nichts zu befürchten."
„Schön wär's, Kind. Braunhemden und NS-Fanatiker findest du heute überall. Also ist Vorsicht geboten."
Was war geschehen? Schwester Luzia, die Seherin von Fatima, hatte nach intensivem Gebet die Stimme Christi vernommen: „Seine Heilig-

keit – der Papst – wird erlangen, dass diese Tage der Trübsal abgekürzt werden, wenn er meinen Wünschen folgt und die Weihe der Welt an das Unbefleckte Herz Mariens vornimmt mit einer speziellen Erwähnung Russlands."

Pius XII. ließ am 31. Oktober 1942 die uralte Ikone Salus Populi Romani – das Heil des römischen Volkes – aus der Basilika S. Maria Maggiore in den Vatikan bringen, wie es immer in Zeiten der Not geschah, und kündigte eine Radiobotschaft mit der Weihe Russlands an. Schwester M. Innocentia hoffte, wenigstens einen Teil dieser Ansprache als Nachrichtenfassung aus der Schweiz zu hören.

„Dir, deinem Unbefleckten Herzen, weihen wir als Vater der großen christlichen Familie, als Stellvertreter dessen, dem alle Macht im Himmel und auf Erden gegeben wurde und der uns so viele Seelen anvertraute, die er durch sein kostbares Blut erlöst hat und die die ganze Erde bevölkern, dir, deinem Unbefleckten Herzen weihen wir in dieser tragischen Stunde der Geschichte, dir übergeben wir, dir vertrauen wir an, nicht nur die Heilige Kirche, den mystischen Leib deines Sohnes Jesus, der aus vielen Wunden blutet und so tief leidet, sondern auch die ganze Welt, durch tödliche Zwietracht zerrissen, im Feuer des Hasses brennend …" So begann der Weiheakt.

Maria M. Innocentia hörte die Botschaft und Hoffnung keimte auf, dass das Weltenelend doch bald ein Ende fände. Seit diesem Tag änderte sich das Kriegsglück Hitlers. Der Siegeszug seiner Armeen war zu Ende.

HL BRUDER KONRAD

29. Wieder zu Hause

Von November 1940 bis Oktober 1942 war Schwester M. Innocentia mehrmals in Massing wieder Berta Hummel. Nachdem die Franziskanerinnen des Klosters verwiesen worden waren, überbrückte sie diese Zeit zu Hause, nicht ohne zuvor angefragt zu haben, ob ihre Familie ihr Obdach gewähren könne.
„Unser Bertl ist sehr nachdenklich", stellte Vater Adolf fest, der seine Tochter fast nicht aus den Augen ließ.
„Ja, wenn man bedenkt, was sie schon alles erlebt hat, ist das kein Wunder", lautete der Kommentar von Mutter Viktoria.
Berta freute sich, ihre Geschwister wiederzusehen. Sie erfreute sich an der Natur, die unbekümmert von den Weltereignissen ihre eigenen und vertrauten Wege ging. Sie überblickte aber auch die Zeit, die seit dem Ordenseintritt hinter ihr lag. Manches Werk hatte sie nicht abschließen können oder dürfen. Der Bischof von Bamberg, Dr. Michael Buchberger, hatte, durch den Erfolg des „Hummel-Buches" angeregt, sie um die Illustrationen für eine wiederaufgelegte Schulbibel gebeten, denn er wusste, dass Schwester M. Innocentia mit ihren Bildern die Volksseele getroffen

hatte, und gedachte, sie zu fördern. Bei aller Freude, die sich der Künstlerin über diesen Auftrag bemächtigte – würde sie ihn überhaupt erfüllen können? Überstieg er nicht ihre angeschlagenen Kräfte? Schließlich war sie anderen Auftraggebern und Verlagen bis zum Höchstmaß verpflichtet. Schwester Eligia hatte dem Bischof eine Absage erteilt. Schwester M. Innocentia fühle sich dem Auftrag nicht gewachsen und werde stattdessen an einem Aufbausemester in München teilnehmen. Die Abfuhr hat dem Bischof gar nicht gefallen. Wie sich später herausstellte, hatte die Künstlerin sich inzwischen sehr wohl mit Skizzen zur Bibel befasst. Der Vorwurf, ihre Bilder seien nahe am Kitsch, musste Schwester M. Innocentia geduldig ertragen. Sie war durch ihre Auftraggeber und durch die Gemeinschaft auf eine bestimmte Machart festgelegt worden, ohne dass der Orden ihre anderen vielseitigen Begabungen in Erwägung gezogen hätte. Und doch arbeitete sie verbissen und hingebungsvoll an manchen Kreuzwegstationen.

Ady hatte inzwischen geheiratet und bewohnte mit seiner Frau und der fünfmonatigen Tochter Traudl das Elternhaus. Vater Adolf überstand manchen Disput mit den Nationalsozialisten; er zeigte sich wenig kooperativ.

„Welches Glück, so ein wundervolles Wesen auf dem Arm zu haben“, schwärmte Schwester M. Innocentia, wenn Traudl ihr anvertraut wurde. Ja, die Heimat öffnete noch einmal ihre Arme und nahm sie in ihren Schutz wie in Kindertagen. „Von der lieben Klosterheimat vertrieben, hat Gott mich zu meinen Lieben geführt“, bekannte sie.

PASTOR
BONE

30. Märtyrer

Manchmal sickerten dunkle Nachrichten bis ins ferne Niederbayern. Ein durchreisender Franziskanerpater hatte von der Verhaftung und vom Tod eines Mitbruders erfahren, den ein besonders schweres Schicksal heimgesucht hatte. Sein Name war Wolfgang Rosenbaum, und seine Tragödie begann damit, dass er Jude war.

„Ich bin noch ganz erschüttert", eröffnete der Pater einem kleinen Kreis vertrauter Menschen, „denn wie wir erfahren haben, wurde er am 2. August 1942 in Holland von der Gestapo verhaftet und ins Sammellager Westerbork gebracht. Zeitgleich mit der Karmelitin Edith Stein. Beide sind mit etwa tausend anderen Christen jüdischer Herkunft nach Auschwitz deportiert und inzwischen ermordet worden."

„Um Himmels willen, das ist ja furchtbar!"

„Dieser Franziskanerbruder war von einer unglaublichen Christusliebe durchdrungen. Dafür ging er in den Tod."

„Mein Gott, in welch' dunklen Zeiten leben wir", seufzte einer der Zuhörer.

„Von Haus aus hieß er Fritz Rosenbaum und er entstammte einer strenggläubigen jüdischen Familie in Witten", fuhr der Pater fort. „Fritz wurde 1915 geboren. Fritzchen, wie man ihn rief, hatte gute Freunde, und durch sie wurde er mit dem katholischen Glauben bekannt. Einmal fragte er seinen Vater, einen kleinen untersetzten Mann, bei einer Geburtstagsfeier zur vorgerückten Stunde: ‚Vater, was hältst du davon, wenn ich eines Tages katholisch werde?'

Vater Ludwig Rosenbaum brauste auf: ‚Das tust du nicht, oder ich werde dich enterben.' Das Erbe war beträchtlich.

Doch Fritz ließ nicht locker. 1933, in jenem verhängnisvollen politischen Jahr, empfing er durch Pfarrer Johannes Rechmann heimlich die Taufe und wurde noch im selben Jahr gefirmt. Ein paar Jahre lebte er unter anderem als Eleve in der Eifel. In der Pogromnacht am 9. November 1938 wurde Fritz schwer misshandelt und flüchtete blutüberströmt ins Pfarrhaus. Schließlich gelang es, ihn probeweise im Kolleg St. Ludwig in Vlodrop in den Niederlanden unterzubringen. Hier begann er 1939 sein Noviziat als Laienbruder im Dritten Orden des hl. Franziskus und erhielt den Ordensnamen Wolfgang. Beim Einmarsch der deutschen Truppen in Holland kam er vorsichtshalber ins Kloster Woerden. Dort legte er 1940 seine Ordensprofess ab und arbeitete in der ordenseigenen Druckerei. Nachdem das Hirtenwort des Utrechter Erzbischof Jan de Jong gegen die Judendeportation in den Kirchen verlesen worden war, kam es verstärkt zur Judenverfolgung, der auch Wolfgang Rosenbaum zum Opfer fiel. Wir sind noch alle ganz erschüttert, weil wir einen heiligmäßigen Menschen verloren haben", schloss der Franziskanerpater.

31. Der Krieg fordert Opfer

„Ich lebe wie in einem Zwiespalt, liebe Mutter. Einerseits möchte ich gern, lieber heute als morgen, ins Kloster zurückkehren und meine Arbeit dort weiterführen. Andererseits begegnet ihr mir hier zu Hause mit so großer Liebe, dass ich gar nicht mehr scheiden möchte.“ Doch Bertl wusste, dass das Kloster eine größere Anziehungskraft besaß.
Fünf Wochen blieb sie im Rottal. Zwischenzeitlich schrieb sie Briefe an die Mutter Oberin. Die gab ihr und Schwester Laura ein schönes Zimmer als Atelier, was die anderen Schwestern, die sich in ihrem abgetrennten Gebäudetrakt behelfen mussten, sicher nicht wortlos akzeptiert haben. Der Krieg forderte seine Opfer, und mancher Verwandter der Franziskanerinnen musste auf den Kriegsschauplätzen sein Leben lassen. Dennoch vermochte es die kränkelnde M. Innocentia immer wieder, ein aufmunterndes Wort an die Gemeinschaft zu richten oder sie durch einen Witz aufzuheitern. Trotz der Kriegsereignisse blieben die Kontakte nach Amerika bestehen, und auch die Nachfrage im Inland war konstant, doch wurde das Papier allmählich knapp. Allerdings konnten kleine Negerkinder schon mal als „Rassenschande“ abgetan

werden. Und die Franzosen hatten schwarze Soldaten in ihrer Armee. „Wenn ich die Korrespondenz mit unseren Geschäftspartnern selbst führen könnte, würde ich ihnen manchen Zahn ziehen. Vor allem habe ich etwas gegen die Vermarktung meines Namens." Die Verleger standen unter Druck, aber Schwester M. Innocentia ebenfalls, weil sie nicht, wie verlangt, „liefern" konnte.

Derweil wurde die Situation im enteigneten Klosterbezirk immer dramatischer. Eigentlich hätten hier etwa 500 Menschen Unterkunft finden können, doch inzwischen war die Zahl auf über 2000 angewachsen. Das brachte Probleme mit sich. Wanzen und anderes Ungeziefer vermehrten sich unaufhaltsam, die Lagerleitung war gestresst, die sanitären Anlagen alles andere als ausreichend. Im Winter starben Kinder an Tuberkulose und Lungenentzündung, im Sommer erlitten sie Erstickungsanfälle. Ein 17-jähriger Junge erhängte sich.

„Wir können das Elend nicht weiter tatenlos mit ansehen, auch wenn uns jeder Kontakt zu den Lagerbewohnern untersagt ist", stellte die Oberin fest. „Wir müssen ihnen heimlich Kleidung und Lebensmittel zukommen lassen." Der Gauleiter suchte Vorwände, um die restlichen Schwestern ebenfalls aus dem Klosterareal zu vertreiben. Die Ökonomin wurde verhaftet; angeblich hatte sie Lebensmittel veruntreut.

„Was hast du denn da, Innocentia?"

Eine der Schwestern nahm die Zeichnung, die Innocentia gerade angefertigt hatte, in die Hand und betrachtete sie schmunzelnd.

GÄNSELISL
HUMMEL

32. Die Leidensschule

Die Zeichnung zeigte eine kleine gelbe Ente, die den Schnabel nach oben aufhält. Und darunter standen die Worte: „Kopf hoch und schlucken.“ Die Ente prangte am Eingang zum Refektorium. Manchmal schauten die Schwestern auf das kleine mutige Tier und schmunzelten. Nun häuften sich die Todesfälle. Wo viele Menschen zusammenkommen, besteht die Gefahr der Epidemien.

„Wir haben schon wochenlang nichts mehr von Bertl gehört. Wir sollten mal im Kloster anrufen.“

Mutter Viktoria machte ein ernstes Gesicht. Letzte Nacht hatte sie geträumt, dass es ihrer drittältesten Tochter miserabel ging.

„Wir werden telefonisch nicht zum Kloster durchkommen. Die Leitungen sind dauernd unterbrochen und zudem heißt es doch ‚Feind hört mit!‘“

Nach wiederholten vergeblichen Kontaktversuchen kam endlich ein Brief. Eine Bronchitis und Rückenfellentzündung hatten M. Innocentia ins Krankenbett gezwungen. Wochenlang stand es nicht gut um sie. Der Arzt verordnete Bettruhe. „Muss nur jetzt das Opfer des Liegens bringen“, schrieb sie hernach nach Hause. Die Mutter schickte Malzbier. Hundefett und Lebertran sollten ihr Übriges tun. Auch ein Leibchen mit Katzenfell würde zur Heilung beitragen. So lag sie bei geöffnetem Südfenster in ihrem Atelier und fasste sich in Geduld. Frischluft wäre gut für die Lunge.

35 Jahre war „das Bertl" nun alt, als sie „durch die Leidensschule" gehen musste. Anfang November schickte man sie wegen der Luftveränderung in die Fachklinik „Wilhelmstift" nach Isny im Allgäu. Ihr Lungenzustand erwies sich als ernster, als man ihn im Krankenhaus Saulgau diagnostiziert hatte. Post von daheim wünschte sie ohne Absender zu erhalten. Denn der Name „Hummel" war so bekannt, dass man vor Ort schnell auf die Künstlerin geschlossen hätte. Nur das Personal wusste Bescheid. Mit einer ebenfalls erkrankten Mitschwester teilte M. Innocentia das Zimmer und erlebte trübe und frohe Tage.

War es ein Wunder oder nur Trug? Die Tomografie zeigte Anfang Februar 1945 ein so gutes Ergebnis, dass es der Chefarzt nicht wahrhaben wollte. „Jetzt glaube ich, dass der liebe Gott mich noch einmal gesund haben will", schrieb M. Innocentia an die Eltern.

„Nun machen Sie bitte nicht gleich Freudensprünge", dämpfte der Arzt ihre Erwartungen. „Ich entlasse Sie auf eigenen Wunsch, gebessert, aber noch arbeitsunfähig."

M. Innocentia aber wollte unbedingt nach Hause. Nach Hause – das war das Kloster der Franziskanerinnen in Sießen. So traurig die Verhältnisse wegen des Lagers dort sein mochten – sie wollte heim.

33. Kriegswinter

Wenn man durch die Straßen der Großstädte ging, sah man meist nur ernste Gesichter. Auf den Dörfern war das nicht anders, nur nahmen die Menschen sich hier Zeit, ein paar Worte mehr als in den Städten miteinander zu wechseln. Bombenangriffe häuften sich, die Metropolen gingen in Flammen auf, besonders da, wo die Alliierten Wirtschaftsstandorte und Industrieanlagen vermuteten. Der Untergang der 6. Armee in der Schlacht von Stalingrad im Winter 1942/43, bei der unendlich viele deutsche Soldaten und ihre Verbündeten ihr Leben verloren oder in Gefangenschaft gerieten, war Gesprächsstoff Nummer eins, nur laut und kritisch durfte man sich über den Kriegsverlauf nicht äußern. Spione gab es überall.

Schwester M. Innocentia ahnte nicht, dass in dieser Stunde ein Malerkollege, der zugleich evangelischer Pfarrer und Arzt war, mit einer Handvoll Soldaten in einem notdürftig geschützten Bunker das Weihnachtsfest feierte und eine russische Landkarte entrollte. Auf der Rückseite der Karte trat den Kameraden eine Frau entgegen, die ihren weiten schützenden Mantel um sich schlug. Mit Kohle hatte sie der Feldgeistliche Dr. Kurt Reuber im Kessel von Stalingrad, abgeschnitten von den rettenden Divisionen, gezeichnet. Beim näheren Hinsehen erkannte man ein in das Tuch des Mantels gehülltes Kind. Die Gesichter von Mutter und Kind schienen miteinander verwachsen zu sein. Die hockende Frau, der geneigte Kopf – das ganze Bild war eine einzigartige Bewegung, ganz drauf bedacht, das kostbare Kleinod zu schützen. Licht – Leben – Liebe stand seitlich auf dem Bild. Wie konnte jemand im Angesicht des Todes noch nach einem solchen Strohhalm greifen und hoffen … „Weihnachten 1942 im Kessel", steht auf der Zeichnung und weiter: „Festung Stalingrad". Das Bild ist als die „Madonna von Stalingrad" in die Geschichte eingegangen. Noch ein weiteres Madonnenbild stammte von Dr. Reuber. Es trägt den Titel „Gefangenen-Madonna" und trägt ebenfalls die seitliche Aufschrift wie eine Verheißung, dass es jenseits des Grauens, des Leids und der Verzweiflung noch ein anderes Leben gibt.

Schwester M. Innocentia und der Malerkollege Dr. Kurt Reuber kannten sich nicht und sind sich folglich auch nie begegnet. Aber sie waren Zeitgenossen und die Art zu malen, war sich gleich. Sie hätten sich wunderbar ausgetauscht und verstanden. Der aus Kassel stammende bildende Künstler starb am 20. Januar 1944 im russischen Kriegsgefangenenlager Jelabuga im Alter von 37 Jahren an Flecktyphus. Schwester M. Innocentia Hummel am 6. November 1946 ebenfalls 37-jährig in ihrem Kloster an Lungentuberkulose. Ein nach ihr benannter Saal im Kloster Sießen hütet einen Teil der Hummel-Bilder. Reuber hinterließ etwa 200 Zeichnungen, Aquarelle und Ölgemälde.

Hummel

34. Sehnsucht nach Freiheit

„Dort reift die Freiheit nicht. Dort bleibt sie grün.
Was man auch baut – es werden stets Kasernen.
Kennst du das Land, wo die Kanonen blühn?
Du kennst es nicht? Du wirst es kennenlernen!“

Als Erich Kästner diese Verse schmiedete, hatte der Volksgerichtshof Stress mit der Verhängung von Todesurteilen. Nicht genug, dass in den Konzentrations- und Straflagern Millionen Menschen ihr Leben verloren, hier lieferten Roland Freisler und seine Henkersgenossen Tausende an den Galgen und unter das Fallbeil. Wie viele Menschen, die sich um Deutschland sorgten, die das mörderische politische System zu beenden hofften, zahlten ihren Einsatz mit ihrem Leben.
Solche Gräueltaten blieben nicht verborgen, obgleich eine gleichgeschaltete Presse den Menschen glaubhaft machen wollte, hier handle es sich um Parasiten, um Volksfeinde, um Schädlinge, die kein anderes Schicksal verdienten als den Tod. „Karzer“ hat Schwester M. Innocentia eines ihrer Kinderbilder genannt, ein anderes „Arrest“. Sie hätte Kinder nie auf diese Weise bestraft, sie liebte die Kinder und hätte ihnen

ein solches Leid nie zugemutet. Sie tat es dennoch. Warum? Wir wissen es nicht. Vielleicht wollte sie so auf ihre Weise gegen das unmenschliche System protestieren, das keinen Widerstand duldete und keine andere Möglichkeit der Opposition zuließ als Bilder, Kinderbilder.
Da sitzt ein Junge mitten in seiner Arrestzelle. Er füllt das ganze Bild aus. Durch das kleine Gitterfester sickert Licht. Das Gesicht des Kindes drückt unendliche Traurigkeit aus. Bekleidet ist das Kind wie auf den meisten Hummel-Bildern: buntes Hemd, Hose mit Hosenträgern, ein Tuch um den Hals. Es hockt am Boden. Vor ihm auf einem kleinen Schemel steht ein Napf. Ein Löffel schaut heraus. Gefangenengeschirr. Einziger Gefährte des Jungen ist eine Katze. Sie schmiegt sich an ihn und schaut ihn erwartungsvoll an. Wie die wohl in die Zelle gelangt ist? Das Entsetzliche an diesem Bild aber ist die Rute, die zu Füßen des Kindes am Boden liegt. Schwester M. Innocentia hätte nie Kinder geschlagen. Sie wäre nicht einmal auf den Gedanken gekommen, so etwas zu tun. Aber die Gefangenen in den Gefängnissen des Staates waren Folter, Schlägen und Quälereien ausgesetzt. Sadisten sind erfinderisch. Vielleicht ist dieses Bild ein stummer, aber eindringlicher Protest gegen die Unmenschlichkeit. Gefängnisse haben dicke Mauern. Auch Klöster haben dicke Mauern. Doch was sich hinter ihnen verbirgt, ist so konträr, wie es größer nicht sein kann. Die Gebete im Kloster können die Unmenschlichkeit der Zuchthäuser und Haftanstalten nicht aufheben. Doch die Hoffnung auf bessere Zeiten wird durch sie genährt.

35. Lichtblicke

1945 näherten sich von Osten die amerikanischen, von Westen die französischen Truppen, um Deutschland vom Naziterror zu befreien. Bald verschwand das Hakenkreuz über dem Haupteingang des Klosters und die Christusstatue kam wieder zum Vorschein. Am 30. April 1945 übertrug die französische Besatzung die Eigentumsrechte des Klosters wieder an den Orden.

Doch noch existierte das Lager. Noch fünf Monate sollte es dauern, bis die 1200 verbliebenen Insassen abziehen konnten.

„Was werden sie wohl mit den Angehörigen der französischen Pétain-Sympathisanten machen, die hier Unterschlupf gefunden haben?“ Diese Frage ging ängstlich unter den Schwestern um.

„Man wird sie als Verräter behandeln“, meinte die Oberin.

„Was bedeutet das?“

Schwarze Lastwagen waren vor dem Kloster vorgefahren. Sie trugen französische Kennzeichen. Die Männer mussten einsteigen.

„Den Tod!“, lautete die Vermutung.

Es ging wieder aufwärts mit dem Leben in Deutschland. Auch Schwes-

ter M. Innocentia machte Fortschritte. Doch dann kam der 19. Juli. Sie erbrach Blut.
In Massing ängstigte man sich. Schließlich waren seit der Kapitulation Wochen vergangen, in denen man nichts voneinander gehört hatte.
„Ich halte das nicht mehr aus", sagte Centa bestimmt: „So geht das nicht weiter. Wenn schon kein Brief kommt, und ich die Bahn nicht nach Sießen nehmen kann wegen der zerstörten Gleise oder Zugausfälle, fahre ich eben mit dem Rad."
„Mein Gott! Kind, das sind doch unendlich viele Kilometer!" Centa ließ den Einwand der Mutter nicht gelten.
„Na und? Ich will wissen, was mit meiner Schwester los ist!"
Niederbayern stand unter amerikanischer Verwaltung, in Baden und Württemberg herrschten die Franzosen. Von einer in die andere Zone zu reisen, war beschwerlich. Centa nahm ihr altes klappriges Fahrrad, an dem nicht einmal die Bremse funktionierte, und machte sich auf den Weg. Ohne Reiseerlaubnis fuhr sie die doppelte Strecke, die sie sonst hätte einschlagen können – über 700 Kilometer. Als sie im Kloster ankam, traf sie ihre Schwester fiebernd und ausgezehrt allein im Atelier an.
„Die lassen mich hier einfach liegen", klagte sie mit tränenerstickter Stimme. In Centa stieg Wut auf. So etwas konnte man mit einer Berta Hummel nicht machen!
„Sie bringen meine Schwester augenblicklich nach Saulgau", fuhr sie die erste erreichbare Schwester an.

Hummel

36. In der Heilstätte

Lungentuberkulose – Lungenblutung – Spezialbehandlung …
Die Diagnose fuhr wie Hammerschläge auf Centa nieder. Die nächste Heilstätte war in Wangen. Warum haben die so lange gewartet, schoss es ihr durch den Kopf. Die – das waren die Ordensoberen, die die Lage ihrer Mitschwester viel früher hätten einschätzen müssen. War das Unaufmerksamkeit, Leichtsinn, mangelndes Interesse? Immerhin sollten Schwestern ja auch leiden, den Kreuzweg mit dem Herrn mitgehen können. Verlangte man von ihnen Demut, die Zustimmung zum göttlichen Ratschluss? Aber wollte Gott denn überhaupt, dass Menschen leiden? War das nicht vielmehr eine Vermutung, die man ihm unterschob? Auf Heiligenbildern entdeckte man viele Leidensgesichter, die noch im Schmerz verzückt nach oben, zum Himmel, schauen. Merkwürdig – Schwester M. Innocentia hatte solche Bilder nie gemalt. Bei ihr standen die Gesichter immer im Einklang mit ihrer Umgebung, mit ihrer Umwelt.
Centa war bereit, nicht heimzufahren, sondern bei ihrer Schwester zu bleiben, so lange wie man sie im Kloster entbehrte.
In Begleitung zweier Ordensschwestern fuhr die Kranke nach Wan-

gen, in die überfüllte Heilstätte oberhalb des Städtchens. Centa radelte dem Krankenwagen nach. Sie wollte unbedingt mitbekommen, was mit ihrer Schwester geschah, wie gut sie untergebracht wurde. Professor Dr. Heinrich Brügger, der Chefarzt, wusste, welche prominente Patientin er jetzt beherbergte, und kümmerte sich persönlich um ihren Zustand. Die Tuberkulose hatte auch den zweiten Lungenflügel angegriffen. Wegen ihrer geschmälerten Abwehrkräfte kam eine Operation bei M. Innocentia nicht in Frage.

Bertls Bruder Franz, inzwischen Chefarzt im niederbayerischen Arnsdorf, hatte sich inzwischen mit Freunden um einen Sanatoriumsplatz für seine schwerkranke Schwester bemüht. Er kannte einen amerikanischen Major, der die Hummel-Zeichnungen und -Bücher liebte und sich bereiterklärte, Schwester M. Innocentia mit einer Militärmaschine in die Schweiz auszufliegen. Dr. Brügger befürwortete diesen Schritt trotz mancher Bedenken. Die Ordensleitung äußerte sich nicht. Schwester M. Innocentia wollte lieber in Deutschland bleiben. „Ich überlasse es ganz den Vorgesetzten“, sagte sie.

Die Brüder waren unversehrt aus dem Krieg zurückgekommen. Ihre Schwester meinte nun, sie sei das Kriegsopfer der Familie, weil es die anderen nicht getroffen habe.

Die Tuberkulose schwächte sie nicht allein. Es kamen Herzprobleme dazu. An guten Tagen konnte Schwester M. Innocentia noch albern, man müsse aufpassen, dass sie sich nicht in einem Apfelsack versteckt nach Sießen schmuggeln ließe.

37. Frieden finden

Ein Jahr Wangen. Was ging Schwester M. Innocentia in diesen zwölf Monaten nicht alles durch den Kopf? Das ganze Leben zog an ihr vorbei, die Kinder- und Studienjahre, die wachsenden Erfolge ihrer Arbeiten.
Die Familie kam häufig, nahm gern die lange Reise von Niederbayern nach Württemberg in Kauf. Die Hand des Vaters strich manchmal über die fiebrigen Wangen, während die Mutter, die Tränen unterdrückend, am Fußende des Bettes saß und vor sich hinstarrte. Wie glücklich war die Familie gewesen, als sie noch vereint war! Aber jeder hatte inzwischen seinen Weg ins Leben gefunden. Und doch kam es der Bertl vor, dass der Vater am meisten unter ihrer schweren Erkrankung litt. Von ihrer Geburt an hatte ein besonderes Charisma sie zusammengeführt. Wenn ich sterbe, dachte M. Innocentia manchmal, wird der Vater auch nicht mehr lange leben. Sein Herz wird brechen; er wird mir in den Tod folgen.
Der Fink Verlag meldete sich wieder. Er interessierte sich für die kleinen und bescheidenen Arbeiten, die M. Innocentia sich trotz ihrer Schwachheit in Schmerzen abrang.

„Ich freue mich so sehr auf euer Kommen“, schrieb sie nach Hause. „Ich würde vorschlagen bald, weil es sonst kalt wird und ihr hier frieren müsst.“

Spürte sie ihr Ende? Drängte sie deshalb zur Eile? Die Mutter blieb in den letzten Tagen bei ihr. Saß am Bett, als sie die Sterbesakramente empfing. War zugegen, als ihr zum letzten Mal die hl. Kommunion gereicht wurde. Als das Angelusläuten am 6. November 1946 ansetzte, gab Schwester M. Innocentia ihre Seele in die Hand des Schöpfers zurück. Sie liebte den Schnee, hatte sich gewünscht, dass es auf ihrem letzten Gang schneien würde. Und tatsächlich, vom Himmel fielen große weiße Flocken und bedeckten das Grab, in das man sie bettete.

Das künstlerische Erbe der Toten war gewaltig. Das hatte dem Kloster Millionen verschafft. Und die Franziskanerinnen, die Armut gelobt hatten, mussten nun mit diesem vielen Geld fertig werden. Gehörte ihnen, was M. Innocentia neben den unendlich vielen Kinderbildern geschaffen hatte? Oder hatten nicht auch die Eltern Anspruch darauf, die ihr die kostspielige Ausbildung ermöglichten? Musste erst das Gericht in vielen Instanzen klären, dass die künstlerische Hinterlassenschaft der Tochter, die sich im Kloster ganz der Gemeinschaft verschrieben hatte, auch dem Kloster gehörte?

38. Ermutigungen

„Leg dich einmal ins Gras, nimm ein kleines Blümchen, einen Grashalm, sieh ihn dir genau an, vergleiche, wie verschieden und mannigfaltig ihre Gestaltung ist, dann gehe heim und zeichne, was du gesehen und beobachtet hast. Du wirst sehen, wie notwendig es ist, erst richtig schauen zu lernen …"
Worte wie diese, eine Art Ermutigung, sind von Schwester M. Innocentia Hummel mehrfach überliefert. Nicht nur Bruder Franzl, auch die anderen Geschwister erhielten während ihrer Studienzeit aufmunternde Worte. Sie selbst war eher schüchtern.
„Du stellst dein Licht unter den Scheffel", urteilte Kathi einmal in einem Gespräch mit ihrer Schwester. „Du kannst so viel, mehr als andere in deinem Alter, und doch zögerst du, deine Arbeiten vorzuweisen oder darüber zu sprechen."
So war es auch auf einer Künstlertagung im Kloster Beuron. „Hochkarätige" Redner waren ins Donautal gekommen, namhafte Publizisten. Die Mitarbeiterinnen im Sießener Zeichensaal durften hinfahren. „Religiöse Einkehr für Bildende Künstler" hieß die Veranstaltung, die sich mit dem Thema „Symbol und Wirklichkeit in Kunst und Religion"

SANKT
JOSEF

beschäftigte. Das Programm von Freitagabend bis Montagmittag erforderte unbedingte Aufmerksamkeit, das nur von Gebets- und Tischzeiten unterbrochen wurde. Maler, Bildhauer, Grafiker aus dem württembergischen Raum – mehr Männer als Frauen – waren der Einladung des Kunstvereins der Diözese Rottenburg gefolgt. Berta wagte nicht, den Mund aufzumachen, dabei enthielt ihre Sammelmappe einen glänzenden Querschnitt ihres künstlerischen Schaffens. Landschaften, Porträts, Aktmodelle, Stillleben.

„Das haben Sie alles geschaffen?“, staunte der Malermönch Jan – Willibrod – Verkade und blickte Berta Hummel voller Bewunderung an. „Höchste Anerkennung, höchste Anerkennung.“ Er hatte noch mit dem Russen Alexej Jawlensky und dem Franzosen Paul Gauguin zusammengearbeitet und genoss in Künstlerkreisen höchstes Ansehen. Seine Werke hingen in Frankreich und Schweden in öffentlichen Museen.

Als Verkade Gretas Aktzeichnung sah, wollte sie sie ihm lieber gleich wieder aus der Hand nehmen.

„Lassen Sie nur“, sagte der Malermönch schmunzelnd, „ich habe solche Bilder auch gemalt. Ich musste meinem Prior im Kloster beichten, dass ich auch Akt gezeichnet hatte. Zur Buße schickte er mich nach Jerusalem, eine Kirche auszumalen. Zudem durfte ich mich in der ganzen Zeit nicht rasieren. Als ich zurück nach München kam, haben mich die Freunde nicht erkannt, weil mein Bart so lang gewachsen war. Nun, ich weiß, dass Sie nie in eine solche Verlegenheit kommen werden“, fügte er lachend hinzu.

Berta, die selten von sich in der Ichform sprach, sondern sie stets umschrieb, konnte nach Hause melden: „Und denkt euch, liebste Eltern, hatte so Segen und Erfolg, man gratulierte mir auf das Wärmste …“

39. Alles hat seine Zeit

Lange hat es so ausgesehen, als ob das Werk Berta beziehungsweise Schwester Maria Innocentia Hummels die Zeiten überdauert hätte. Denn die Nachfrage nach ihren Kinderbildern in Form von Glückwunsch-, Weihnachts- und Geschenkkarten hielt lange an. Vor allem während des Krieges waren sie gefragt und verhalfen dem Kloster Sießen in der NS-Zeit und während der Beschlagnahme durch die Nazis zum Überleben. Die Idee, die Hummel-Zeichnungen in Figuren umzusetzen, war 1934 entstanden. Da trafen sich die Oberin des Klosters und Franz Goebel, Mitinhaber der Porzellanfabrik W. Goebel in Rödental, und verhandelten über einen Lizenzvertrag. Ein Jahr später bereits hatten die bei Goebel beschäftigten Plastiker Arthur Möller und Reinhold Unger die ersten farbig glasierten Kleinplastiken aus Feinkeramik geschaffen. Das war der Anfang einer umfangreichen Produktion. Ein Sachverständigengremium, bestehend aus Franziskanerinnen und der Familie Hummel, entschieden mit Modelleuren, Malern und der Goebel-Geschäftsführung über die Auswahl der Titel und deren Umsetzung. Ein Großteil der Erlöse floss über das Kloster in soziale Projekte in Deutschland und Übersee.

Man sagt, dass jeder zweite Haushalt in Deutschland irgendwann eine Hummel-Figur besessen habe. Die Vereinigten Staaten waren bereits auf der Frühjahrsmesse in Leipzig 1935 großzügige Abnehmer. Und amerikanische Soldaten brachten sie nach dem Krieg als Mitbringsel nach Hause. 1977 gründete man in den USA einen „Goebel Collectors' Club", der heute „M. I. Hummel Club" heißt und über 20 000 Mitglieder hatte. In Deutschland soll es 60 000 Anhänger gegeben haben. Beim „Hummel-Festival" an wechselnden Orten in den USA kommen viele Sammlerinnen und Sammler zusammen.
In der jüngsten Vergangenheit gab es in der Firma Goebel wegen fehlender Wirtschaftlichkeit mehrmals Probleme, was zur Folge hatte, dass die Produktion der Hummelfiguren wechselnden Geschäftsführern anvertraut und die Herstellung stark zurückgefahren wurde. Generationen hatten in der Firma ihr Auskommen gefunden.
Auch das Berta-Hummel-Museum im Elternhaus der Familie in Massing bangte lange um seine Existenz, bis es im Juli 2019 geschlossen wurde. Hier sucht man nun nach neuen Ausstellungsorten, um die Werke der berühmten Tochter weiter zeigen zu können. Wenig glücklich verläuft auch die Zukunft des „Hummel-Museum" in New Braunfels, Texas. Es hat jahrzehntelang etwa 200 Exponate M. Innocentias ausgestellt. Dann wurde das Museum in „Braunfels Museum of Art & Music" umbenannt und widmete sich fortan texanischer Kunst. Die Hummel-Bilder sind seither nicht mehr zu sehen.

40. Am liebsten malte sie

„Sie war ein liebes, blondlockiges, schönes Kind, äußerst lebhaft. Am liebsten malte sie … Ein paar hübsche Blumen, ein nettes Kindergesicht, eine schöne Abendstimmung, ein herbstlicher Wald, das alles konnte sie in helle Entzückung bringen, und sie stand lange, und schaute und schaute …" Worte der Mutter Viktoria Hummel über ihre dritte Tochter.

Was ihre Tochter Berta zu Papier, auf die Leinwand oder Sperrholz brachte, wurde in der Mehrzahl Eigentum der Sießener Franziskanerinnen. Denn was Berta Hummel, später Schwester M. Innocentia, schuf, entstand weitgehend hinter Klostermauern oder wurde das Erbe der Schwestern. Wieso sollte man von jemandem, der meist Auftragsarbeiten, nämlich putzige Kinderbilder, malte, die sogar in Porzellan umgesetzt wurden, mehr erwarten dürfen als dieses Oeuvre und dazu Themen aus der religiösen Welt? Kreuzwegstationen, Heilige, sakrale Gegenstände, Paramente. Die Vielschichtigkeit ihres Charakters nahm man lange nicht zur Kenntnis.

Dem wollte Adolf Hummel, der Neffe der Künstlerin, abhelfen. Im elterlichen Haus in Massing bemühte er sich bis in diese Tage, die verschie-

denen Facetten seiner berühmten Tante darzustellen: Feinheit, sensibles Gefühl für die Natur bei den Blumenstudien, robuster Humor bei den Karikaturen, zu denen ihr viele Charakterköpfe Pate standen, die liebevolle Anteilnahme an den Lebenssituationen vieler Menschen, denen sie Gestalt gab. Seit 1994 konnten sich Gäste im „Hummel-Museum" ein Bild von der unbekannten Seite Berta Hummels machen, zu der auch bisher nicht bekannte Werke gehörten, wie zum Beispiel die Blumenbilder impressionistischen Flairs. Einen Teil kaufte Adolf Hummel aus den USA zurück, 38 Blätter der sogenannten „Kalenderblattserie" kamen aus dem „Goebel-Hummel-Archiv" zurück, das bis 2012 bestand. Berta Hummel konnte sich in die Seelen der Kinder versetzen. Ihre Herzlichkeit und ihr Einfühlungsvermögen sind sprichwörtlich gewesen.
Ein Teil der Neuerwerbungen kam aus der Schatztruhe von Kreszentia Hummel. Sie war die Lieblingsschwester von Berta, und beide haben sich über all die Jahre bestens verstanden. Centa besaß Schriftproben, Musterzeichnungen, Glückwunschkarten und Entwürfe, die die Fülle der Exponate bereicherten. Dazu gehören auch die ungedruckt gebliebenen biblischen Szenen für die von Bischof Dr. Michael Buchberger, Bamberg, angeregte Bibel, die nicht das sonst hohe Niveau Hummelscher Kunstwerke erreichten.
Jetzt ist das „Hummel-Haus" in Massing Geschichte. Die Objekte werden, so ist es geplant, in den nächsten Jahren als Dauerausstellung in einem noch zu errichtenden Anbau an das Freilichtmuseum Massing einen würdigen Platz erhalten.

Quellenverzeichnis

Verwendete Literatur:

Dido Nitz: M.I. Hummel – Ich will Freude machen! Eine schicksalhafte Frauenkarriere. Eine Biografie. Verlag ars edition, München, 2009
Angelika Koller: Die Hummel. Lebensgeschichte und Werk M.I. Hummel. Ars edition, München, 1994
Constantin Pohlmann (Hg): „Sie widerstanden den Mächtigen". Topos Taschenbuch 103. Verlag Matthias Grünewald, Mainz, 1983
Renate Just: „Es blieb ihr Geheimnis". Zeit Online, 23. Dezember 2008
www.kath.net

Bildnachweis:

S. 6: Baby in Weidenkorb; S. 8: Mädchen mit Kopftuch auf Blumenwiese; S. 12: „Fliegerabwehr" – Mädchen mit Hummel; S. 15: Anneliese, 1933/34; S. 19: „Versunken" – Mädchen beim Lesen; S. 21: „Der Gelehrte" – lesendes Kind; S. 24: Christi Geburt, 1934; S. 27: „Ecce Ancilla Domini" – „Siehe, ich bin die Magd des Herrn", Hl. Maria; S. 30: Betrunkenen-Perspektive, 1929; S. 33: Selbstporträt, 1929; S. 36: Neujahrsmusikanten, 1929; S. 38: Wanderer mit Kiepe; S. 43: Der Optimist; S. 45: Berta Hummels Skizzenmappe im Museum von Massing © KNA-Bild; S. 48: Viehmarkt Massing, 1931; S. 51: „Hochspannung" / „Der Apfeldieb"– Junge flüchtet vor Hund auf Baum; S. 53: Englein mit Christkind im Wägelchen, 1929/32; S. 57: Brief an ihren Vater mit einer kleinen Zeichnung von zwei Hummeln beim Wandern im Museum von Massing © KNA-Bild; S. 60: „Winterhilfe" – strickendes Mädchen; S. 64: Sr. M. Innocentia mit Kindern im Klostergarten, 1934; S. 66: Kinder auf Hügel mit Flöte; S. 69: Sr. Maria Innocentia, 1934 © KNA-Bild; S. 72: Hl. Konrad umringt von Kindern, Massinger Pfarrkirche © KNA-Bild; S. 75: St. Franziskus predigt den Vögeln, 1933; S. 79: „Drei Engelbuben"; S. 81: Engel und Kind; S. 84: Berta Hummels Farben im Museum von Massing © KNA-Bild; S. 87: St. Elisabeth verschenkt Brot; S. 90: Hl. Bruder Konrad; S. 93: „Guter Hirte", 1933/34; S. 97: „Christkindbrief"; S. 99: „Gänseliesel"; S. 102: „St. Georg"; S. 105: „Der Held", 1934 – Junge flüchtet vor Frosch auf Zaun S. 109: „Puppenbad"; S. 111: „Heuschreckenschütze"; S. 114: Engelchen mit Christbaum; S. 118: St. Josef, Zimmermann; S. 121: „Gratulanten" – zwei Mädchen mit Korb und Blumen; S. 124: Sr. M. Innocentia mit Kindern im Klostergarten, 1934 © KNA-Bild

Bibliografische Information der Deutschen Nationalbibliothek
Die Deutsche Nationalbibliothek verzeichnet diese Publikation in der Deutschen Nationalbibliografie; detaillierte bibliografische Informationen sind im Internet über http://dnb.d-nb.de abrufbar.

Besuchen Sie uns im Internet:
www.st-benno.de

Gern informieren wir Sie unverbindlich und aktuell auch in unserem Newsletter zum Verlagsprogramm, zu Neuerscheinungen und Aktionen. Einfach anmelden unter www.st-benno.de

ISBN 978-3-7462-5693-1

Umschlaggestaltung: Ulrike Vetter, Leipzig
Coverillustrationen von Maria Innocentia Hummel (von oben links nach unten rechts): „Gratulanten", „Der Held", 1934 – Junge flüchtet vor Frosch auf Zaun, zwei singende Kinder
Gesamtherstellung: Kontext, Dresden (A)